社會向左，資本向右

新世代的階級與貧富裂痕，尋找修復的終極解方

保羅・柯利爾——著
Paul Collier

潘勛——譯

The Future of Capitalism

Facing the New Anxieties

國際媒體一致肯定與讚譽

比爾·蓋茲「二〇一九夏季必讀五書」

在這本知識跨界的大膽書籍當中，傑出經濟學家柯利爾涉險進入道德領域，憑以解釋資本主義哪裡出了錯，還有如何矯正。

——桑德爾（Michael Sandel）
（《正義》〔*Justice*〕、《錢買不到的東西》〔*What Money Can't Buy*〕作者）

今之時日真是迫切需要柯利爾的洞見。《社會向左，資本向右》讓我們的道德觀重拾良知，可全書也描述道德觀扮演重大角色，合力讓家庭、企業組織及國家發揮作用。《社會向左，資本向右》是凱因斯以來，社會科學最空前一新的作品。且讓我們盼望，它也能成為最具影響力的書。這個時期，真迫切需要柯利爾的深刻見解。

——阿克洛夫（George Akerlof）（二〇〇一年諾貝爾經濟學獎得主）

三十年來，中間偏左政治學一直在尋找敘事而了解市場經濟。這本書便有提供。

——約翰・凱（John Kay，牛津大學聖約翰學院院士）

（《迂迴的力量》〔*Obliquity*〕、《玩別人的錢》〔*Other People's Money*〕作者）

資本主義對富裕的都市居民，是贈禮，而且繼續贈送下去。對他人來講，現在資本主義不管用。柯利爾以平等的手法，運用熱情、實用主義及良善經濟學，來制定替代方案，解決撕裂許多西方國家的種種分裂。

——默文・金（Meryvn King，前英格蘭銀行行長）

經濟學家柯利爾精湛地糅合個人經驗，以及各色社會學家的最佳思想，分析當前三大「歸屬感基石」——家庭、職場及國家——的散裂，還有隨之發生的挫折感開啟了道路，讓民粹人士及意識形態徒眾得以橫行。他敦促使用務實政策來管理資本主義（資本主義目前對很多人不管用），重建「被圍攻的政治光譜中間部位」，讓「社區道德」回歸當代生活。

——《科克斯書評》（冠星書評）

論述投入且析理完善……柯利爾的批評或他開立的療方，半點也不與社會主義相干——一如亞當·斯密這位經常被誤解的現代經濟學之父。柯利爾談的是讓市場系統重拾道德感受力，而現今市場系統未能發揮其潛力。

——《華盛頓郵報》

柯利爾發動的最後答辯，既令人信服，還經常詼諧機智，卻又指正深刻；他想做的，不是把左派、右派的「最棒點子」結合起來，而是修復兩派造成的傷害。柯利爾那種牌子的實用主義，或稱「強硬中間派」，涉及到橫跨三大分裂——都市相對各省、高學歷相對學歷較低、全球皆然的貧富對立——而再分配給輸家，同時還保存資本主義及國家疆界。

——「禿鷹」（Vulture）網站「十二月最佳新書」專欄

雄心勃勃，試圖重申資本主義與社會民主制度的目標。

——彭博新聞

更為公正良善的世界，讓舉世眾生，包括世上最窮苦的人，都能在其中欣欣向榮。依柯利爾看來，忠於國家非但不會損害那種世界，反而是更穩固的磐石，促進全球合作，更勝抽象的全球主義，後者太常充當面具，掩飾不開明的利己。柯利爾打算如何修好富裕民主政體不復民胞物與的現象呢？《社會向左，資本向右》書中充斥著創意十足的提議……他的「扎實中間思想」，實可貢獻良多。

——《紐約時報》書評

柯利爾回應近來已開發國家裡，選民厭惡父權民主政策的投票結果，探索這些事件的理由，提出務實的救方，運用教育、課稅、社會服務及政治改革。柯利爾的書內容廣泛，提出由英國觀點也感受到挑戰的概念，提供饒富意義的視野，喜歡思考的讀者會受益良多。本書值得一提，增益麥克威廉斯（Douglas McWilliams）所著《貧富不均悖論》（*The Inequality Paradox*）、皮凱提（Thomas Piketty）所著《二十一世紀資本論》（*Capital in the Twenty-First Century*）等書。

——《圖書館期刊》（*Library Journal*）

推薦序

從焦慮通向未來

——朱嘉漢（作家）

閱讀《社會向左，資本向右》，你首先可以感受到一種相當古典的理想感，有點天真卻不是純然浪漫——事實上行文間不難看出他無比清楚他的主張多麼難實踐——去呼籲世界。是的，並非一小群菁英或是某個特定領域，在這龐大分工的世界體系下，就算任何的叫喊其實難以跨過文化、階級、國家的分隔，他還是這麼做了：呼喊。不僅是對當代，更大的目標，是面向未來的呼喊。

換言之，整本書的論述，能如此堅定，其實在於：他相信未來。這並非不切實際的幻想，相反，保羅·柯利爾面對現實，面對那讓人覺得難以翻轉的現實。

未來，是的，我們必須回到這本書的原始標題：「資本主義的未來：面對新的焦慮」（The Future of Capitalism: Facing the New Anxieties）。他點出了「目前的未來」：我們面對的未來，是確然可信的反烏托邦。

那麼，還有什麼好談的呢？事實上，他同時指出，面對這一切，其實是有答案的。如果並非悲觀，「未來」的可能，正在於「面對焦慮」。回應「新的焦慮」的關鍵，則在於「老舊的意識形態」。若今天全世界的困境在於分裂、光譜的激化、民粹，又以川普當選、極右派興起、英國脫歐為警訊，這些歷史上反覆歸來的危機，其實是相當漫長存在的問題。

認識這本書，這個基本立論相當重要。無論可能性多少，他的目的在提出解方。也才能明白，為什麼第二部會以「恢復道德」，連續談了國家、企業、家庭、世界等道德。光這部分，接近全書的一半。

乍看我們可能是某種過時的呼籲，但作者出自於經濟學的專業，相當有說服力的將基本問題指出：所謂「經濟人」（economic man）的人性預設，已經根深蒂固。而以這樣的預設，功利主義的道德倫理思考，導致責任一事，在於國家，而非公民。

「人類需要使命感，而資本主義目前沒有提供。其實它是可以的。」

是以，資本主義不需全盤否定，不需推翻。資本主義可以繁榮，可以講道德，也支持尊嚴與歸屬感。道德的根本，在於各個層面，尤以個人能夠在此自覺承擔的責任感。

這樣的解方思維，不僅是將原先資本主義造成的激化、失序彌補，甚至能夠繁榮。或是說，資本主義原來就應該如此。

不僅是呼籲，在許多的層面上，尤其政策上，作者以其經濟學專業，給出了建議。確實，我們所有的政策，包括看似文化、教育，永遠都有經濟層面的必要考量，而非在真空狀態思考。

這些政策，真的可能嗎？作者當然不讓讀者（包括世界的菁英、領袖們、企業家們）有迴避的空間，他的答案簡潔有力：「不計成本」。新的焦慮，正是我們的未來，且是不需要推翻資本主義的，不需要大革命的，更好的未來。

何況，這些從來不是憑空創造，而是過去曾經有機會做好的事，只要我們願意不計成本的再去做一次。去包容，去承擔責任，從面對焦慮開始，朝向未來。

獻給蘇

不同的人生，相同的焦慮

【目次】

一

危機

第一章

新的焦慮

激情與務實

我們的社會正遭深沉的不和所撕裂。這些不和挑起人們新的焦慮及憤怒，帶給政治新的怒火。這些焦慮的社會基礎，地理、教育、道德都有。地方反都會；北英格蘭對抗倫敦；內地對抗沿海；學歷較低的人反抗高學歷的；勞苦工人不滿「吃霸王飯的」及「尋租者」。教育較低的人在各省辛苦謀生，他們已取代勞動階級，成為社會革命力量：由一批冷靜的人取代了激進的共和黨員。那麼，這些人在怒什麼？

地理位置已成為新近的抱怨面向之一；有很長一段時間，地理上的經濟不均本來已縮小，最近卻快速擴大。縱觀北美、歐洲及日本，都會區正猛烈超前全國。它們比起各省，不僅變得遠遠富有，關係上也變得疏離。大都會經常是國家首都，現已不復代表全國。

這些都會區活力旺盛，經濟增長不凡，可是即便在其內部，分配不均都很嚴重。新近吃香的既不是資本家，也不是尋常勞工，而是高學歷有新專長的人。這類人已把自己打造成新階級，在大學裡聚會，發展出新的共有認同：因技術專長而受景仰。他們甚至發展出截然有別的道德觀，把一些特徵抬高成團體認同，如少數族裔、性欲取向，即「受害人」。基於他們對受害人團體獨特的關切，他們宣稱道德比教育較低的人來得優越。既已將自己塑造為新統治階級，高學歷人士對政府及同儕的信賴達到前所未有的程度。

高學歷人士的財富飆升，連帶拉抬全國收入平均值，教育較低的人，不管在都會區還是全國，目前都陷入危機，被烙上「白領勞工階級」的難聽名稱。地位下跌的症候始於有意義的工作消失，全球化已把許多半技術工作轉移到亞洲，而且科技變革消滅了很多工作。喪失工作，讓兩個年齡層的群體受創特別重：年紀較長的工人，還有初次覓職的年輕人。

失業在年紀較長工人之間，經常導致家庭破碎、嗑藥酗酒及暴力。在美國，由此導致的生活目標感崩塌，可以由沒讀大學白人的平均壽命下降看得出來。這件事發生的同時，醫學前所未有的進展，讓較優勢團體的平均壽命快速上升。在歐洲，社會安全網讓這些後果引發的極端行為隱而不彰，只是症候群也散得很廣，比如在受創最重的城市如黑潭（Blackpool），平均壽命也在下降。失業的五十多歲人飽嘗苦澀，只是低學歷的年輕人也沒多好過。歐洲很多地方，青年大批失業；義大利目前三分之一的年輕人失業，就業機會短絀的規模，是一九三〇年代大蕭條以來僅見。種種調查顯示，年輕人悲觀程度空前未有；大多數青年認定，自己比起父母，生活水準會降低。這一點倒不是胡思亂想，過去四十年間，資本主義的表現惡化了。二〇〇八到二〇〇九年的全球金融危機踢爆這個狀況，只是從一九八〇年代開始，這種悲觀氛圍就慢慢滋長了。資本主義的核心信譽，就是讓全人類生活水準穩定上升，現在完蛋了。它是持續提攜某些人沒錯，另些人則忽略了。資本主義的中心象徵美國，一九八〇年代出生的世代，比他們父母同年齡時，半數絕對過得比較糟。對他們來說，資本主義不管用。鑑於一九八〇年以來，科技及公共政策都有龐大進展，所以資本主義的失敗令人震驚。這些進展本身仰賴資本主義，讓大家的生活都有長足改善，是完全可行的事。只是現在大多數人都料想，自己子女的生活會比他們的來得糟。美國白領勞工階級中，這種悲觀上升到驚人的百分之七十六；歐洲人甚至比美國人更悲觀。

學歷較低者的憎恨，還沾染上恐懼。他們察覺到學歷高的人正與他們漸行漸遠，在合群及文化兩方面皆然。而他們斷定，這種疏遠，以及社會關注的轉移，兩者感受起來，就是福利被拿走，減弱他們自己求救的權利。他們對社會安全網未來的信心受到侵蝕，而這種現象發生的同時，他們對社安網的需求卻已增加。

焦慮、憤怒及失望，切碎人們的政治忠誠、對政府的信任，甚至彼此間的信賴。學歷較低的人是造反的骨幹，讓川普（Donald Trump）在美國總統選舉擊敗希拉蕊（Hillary Clinton）；在英國則是脫歐派戰勝留歐派；在法國，勒朋（Marine Le Penn）及梅蘭雄（Jean-Luc Melenchon）的造反政黨斬獲四成以上的選票（也讓敗選下台的社會黨得票率萎縮到低於一成）；在德國，執政的基督民主社會民主聯盟（Christian Democrat-Social Democrat）得票率也縮水，讓極右派的「德國另類選擇黨」（Alternative for Germany, AfD）在國會變成正式反對黨。教育的分裂更因地理的分裂雪上加霜。投票時倫敦大力支持留歐；紐約的選票大多支持希拉蕊；巴黎避勒朋及梅蘭雄唯恐不及；法蘭克福則不喜另類選擇黨。激進的反對勢力來自各省，這樣的變化與年齡有關，但可不是老青對抗那麼簡單。年紀較長的工人技能失去價值而邊緣化，年輕人踏入黯淡的就業市場，兩者都轉向極端。在法國，極高比例的年輕人投給換副嘴臉的極右派；在英美，他們大多數投給易容喬扮的極左派。

自然不容真空，選民也一樣。已發生的與原本可行的兩者之間有鴻溝，脫胎於此鴻溝的挫折感，已造出能源波，滋養守在左、右兩派的兩類政客：民粹人士及意識形態信徒。資本主義上次出軌，即一九三〇年代，也發生同樣的事。因此湧現的危險，一九三二年赫胥黎（Aldous Huxley）寫的《美麗新世界》（*Brave New World*）及一九四九年歐威爾（George Orwell）的《一九八四》（*1984*），已說得水晶般透澈。一九八九年冷戰結束，似乎開啟可靠的未來，而那些災難一切都成為過去：我們已抵達「歷史的終結」這個永恆的烏托邦。但現在，相反地，我們面對的未來，是確然可信的反烏托邦。

這些焦慮是新的，老舊的意識形態突然跑出來提供答案，讓我們回到老生常談的左右對峙。意識形態提供的組合很誘人，把簡單而相當確信的東西，與通吃一切的論述兜在一塊兒，得以信心十足地回答任何問題。死而復生的意識形態有十九世紀的馬克思主義、二十世紀的法西斯，還有十七世紀的宗教基本教義派，這些都曾誘惑社會，發生悲劇。因為這些意識形態失敗過，所以大多數追隨者都跑了，沒幾個奉持它們的政客能帶領這次的捲土重來。那些意識形態，只殘存在小型組織裡，信眾淺嘗教派的偏執心理學，又狹隘到不肯面對過去已失敗的真相。共產主義於一九八九年崩潰，在此之前十年當中，還信奉馬克思的人認為，自己正生活在「資本主義末期」。民眾對那時共產崩潰的記憶，目前已經淡化到足以使它東山再起；新書如潮水，重炒冷飯。

誘惑力與意識形態信徒有得比的，是另一種政客，即有領袖魅力的民粹人士。民粹人士甚至連意識形態的粗淺分析都省了，直接跳到乍聽之下非常正確的答案。所以，他們的策略是用萬花筒般的娛樂手法，叫選民分心，不做較深遠的思考。擁有這類技巧的政治領袖，源自另一個小圈子，即媒體名流。

雖說新裂隙衍生焦慮及憤怒，讓意識形態信徒及民粹人士肥滋滋，但兩派都沒能力解決問題。這些裂隙都不是往事重演，而是複雜的新現象。只是在他們激情落實自己「萬靈丹」解方的過程中，這些政客倒是能造成重大傷害。當前我們社會遭受傷害的過程，是有可行的挽救之道，但並非源自意識形態的道德激情，也非民粹的因果跳躍。解決之道立足於分析及證據，所以要用到務實冷靜的大腦，而本書所提的政策都很務實。

然而，激情並非沒有容身之處，它還充斥於這本書中。三大險峻裂隙已撕開我們的社會，而在我的人生中每一個都經歷過。雖說我還神智清醒，但激情仍烙印於我心之中。

勃興的大都會與破敗的各省城市間的地理分裂，我親身領教過。我的故鄉雪菲爾德（Sheffield）成為破敗城市的象徵，由《一路到底：脫線舞男》（*The Full Monty*）這部電影，把當地鋼鐵業的崩潰化為不朽。我經歷過這齣悲劇：

我家的鄰居失業了，有個親戚找到的工作是打掃廁所。與此同時，我搬家去牛津，當地成為都會成功人士的首選歸宿：我家的鄰近地區內屋價與收入的比率，目前是全英國最高。

謀生技術及志氣，在超級成功人家與解體陷入貧窮人家之間的分裂，我也曾親歷其境。十四歲時，我與堂妹並駕齊驅，生日是同一天，家長都沒受過教育，兩個青少年都錄取就讀重點中學。她的人生因為父親早逝而脫軌；失怙之後，她沒到二十歲就生了小孩，伴隨而來的缺點及羞辱一個也不少。同一時間，我的人生循著轉型的每個踏腳石而前進，由中學取得牛津大學獎學金。[1]自此而往，更多台階帶我通往牛津、哈佛及巴黎各大學的教職。唯恐這樣還無法滿足我的自尊，工黨政府頒授大英帝國司令勳章（CBE）給我，保守黨政府授我騎士爵位，我在英國國家學術院（British Academy）的同仁授我學院的「院長勛章」（Presidential Medal）。分道揚鑣一旦啟動，就自有動力。我堂妹的女兒們十七歲還沒過便成為小媽媽；而我十七歲的孩子則由全國最佳學校，取得獎學金。

最後，我經歷過全球貧富的分裂。美、英、法富裕得趾高氣揚，我在每個國家都舒服地住過；非洲則貧窮而絕望，而我目前在那兒工作。我的學生大多是非洲人，他們畢業後選擇生涯時，就得面臨這種嚴厲的對比。有位蘇丹籍學生，讀完博士後一直在英國工作，目前他面臨抉擇，是要留在英國，還是返國到總理辦公室效力。他已決定要歸國；他是異數，蘇丹籍博士留在倫敦的人數，要多於留在蘇丹。

這三個駭人的分裂，不僅是我研究的問題，還是悲劇，最後界定我的人生使命感。我寫作這本書，原因正是如此：我想改變這種情勢。

社會民主的勝利與腐蝕

雪菲爾德市並不光鮮亮麗，但那只強化了市民的凝聚力，而那些凝聚力一

1　跟我一樣，英國知名劇作家班奈（Alan Bennett）出生在約克郡，爸媽沒受多少教育。《不羈吧，男孩！》（*The History Boys*）講述的就是他的故事，談社會流動性，出身寒微而讀到牛津，跟我的故事十分類似。但他成長於遠為時髦的里茲（Leeds）市。為了強調他跨越的社會鴻溝，他把自己的劇本場景設定在我的故鄉，而非他的。第一幕結尾時，主角以漸漸加強的聲音，歷數自己的不利之處：「我長得不高，我是同性戀，我家鄉在雪菲爾德。」他不是雪菲爾德人，我才是。事實上，班奈把背景設在我的中學。比起班奈本人，我還更「不羈」一些。

度是強大的政治力量。英格蘭北部城市率先引發工業革命，而市民最早面臨革命帶來的新焦慮。透過領悟自己對生長的土地有共同歸屬感，諸如雪菲爾德等社區成立合作性質的組織，來適應這些焦慮。他們把凝聚向心力派上用場，創造出來的組織收獲互惠的好處。建立合作社性質的社會，讓人們能儲蓄購屋；另個約克郡城鎮哈利法克斯（Halifax）誕育出來的組織，後來變成英國最大銀行。合作於保險的社會，讓人們減少風險；合作於農工事業及零售，讓農人及消費者取得議價權，對抗大型企業。發軔於北英格蘭這個大鎔爐，合作社運動很快傳遍歐洲許多地區。

這些合作社團結起來，變成中左派政黨的磐石，也就是社會民主各黨派。隨著社區變成國家，社區內互惠的好處升級擴大。跟合作社一樣，新政策議題都務實無虛，扎根於困擾尋常人家的種種焦慮。戰後時代，全歐很多這類社民政黨取得政權，用務實議題來執行很廣泛的務實政策，有效地解決這些焦慮。健保、退休金、教育、失業保險，大量立法而改變人生。這些政策證實為如此珍貴，以至於跨越政治光譜中段的部分都能被接受。中左及中右派政黨交替執政，但這些政策都還存在。

然而，社會民主身為一股政治力量，目前處於生死危機。過去十年充滿很多叫得出名字的災難。中左派方面，希拉蕊被桑德斯（Bernie Sanders）大傷元氣後，輸給川普；布萊爾及布朗的工黨已被馬克思派接管；在法國，奧朗德總統甚至決定不追求第二任期，而取代他出馬的哈蒙（Genoit Hammon）得票大崩盤，只拿了百分之八；德國、義大利、荷蘭、挪威及西班牙的社會民主政黨都眼睜睜瞧著自己的得票崩盤。本來這對中右派政客該是好消息，但是在英美，中右派也一樣，自己政黨都失控了；而在德國及法國，它們的票倉已經崩塌。怎麼會這樣？

原因在左、右兩派的社民政黨，每個都偏離原始的社區務實互惠的初衷，被一群完全不同的人俘獲；這群人影響力大到不成比例，他們便是中產階級知識分子。

左派知識分子受十九世紀哲人邊沁（Jeremy Bentham）思想所吸引。邊沁的哲學便是功利主義，讓道德與我們直覺的價值剝離，只由單一理智原則來推衍道德：依是否增進「最大多數人的最大快樂」，而斷定行動合乎道德與否。因為人們的直覺價值構不上這種高尚標準，所以社會需要道德健全的技術官僚打頭陣來治理國家。這支先鋒隊是社會的父權監護人，也是柏拉圖在《共和國》（*Republic*）描述的「國監」（Guardian）。彌爾（John Stuart Mill）自幼受邊沁薰陶，是另位功利主義立論大將，八歲之齡就已閱讀古希臘文寫的《共和國》了。

很不幸，邊沁與彌爾可不是後世的道德巨擘，堪比肩摩西、耶穌及穆罕默德等聖哲；他們只是怪怪不合群的人。邊沁是如此怪異，以至於今天認為他有自閉症，無法融入社會。彌爾被歸類為正常人的機率也很小，他被其他小孩蓄意孤立，所以他熟悉古希臘文的程度，可能勝過身處的社會。鑑於開山祖師如此，那麼他們徒眾的倫理道德迥異於我們其他人，實無足為奇。

邊沁怪異的價值，要是沒被經濟學吸收，本來不會有任何影響。誠如後文會提及，經濟學開發出來的人類行為解說法，與功利主義的道德，到今天相左的地步，是竭盡可能地大。「經濟人」（economic man）完全自私，無限貪婪，只在乎自己，不管他人。這種人成為經濟學人類行為理論的基石。只是，為了評估公共政策，經濟學需要一種測量法，來加總這些心理變態的個別人等之福祉或「功利」。功利主義變成這種算術的知識支柱，「最大多數人的最大快樂」恰好有助於計算最大化的標準數學技巧。照猜測，「功利」是來自消費，額外消費替功利產生的增值總是比較小。假設社會的消費總量固定，那麼功利的最大化就很單純：把收入再分配，讓消費完全平等就行。社會民主派經濟學家察覺出消費這塊「大餅」尺寸並不固定，而且課稅會叫人懶於工作，大餅還會縮小。先進的理論，如「最適租稅」（optimal taxation）、「委託—代理問題」（the principal-agent problem），已開發出來適應工作動機的難題。本質上，社會民主公共政策成為愈來愈精密的方法，使用課稅來重新分配消費，同時把不利於工作動機的部分減到最小。

事實很快就證明，要由個人「功利」轉去談論社會福利，想符合哪怕基本的知識一貫規則，其實沒有呆板、機械般的方法。這一點經濟學界領首同意，然而依然故我。大多數學院哲學家揚棄功利主義，原因是不足點太多；經濟學家倒是反過來看，功利主義證實好用得妙不可言。持平而論，就很多公共政策的問題來說，它確實夠好用，缺陷是否大到可怕，則要視政策而定。對輕微的問題如「路該不該鋪在這裡」，功利主義有時是可取得的最佳解答；但是對很多較大的課題，它就不適用得叫人絕望。

經濟學配備了自己的功利計算法，很快就滲透到了公共政策。柏拉圖把自己的國監設想為哲學家，可實際上他們通常是經濟學家。他們假定說，人類都是心理變態，讓國監們理直氣壯地授權自己擔當道德優越的先鋒部隊。他們還有個假定，就是國家的目的在於把功利放到最大，這就大有理由把消費分配給任何最有「需求」的人。社會民主政策不經意又常常不知不覺地就改變了，不再談論建立全體公民的互惠責任。

這樣結合起來，結果有毒。所有道德責任上綱至國家，由道德信得過的先驅們行使責任。公民不再是負有責任的道德行動者，角色被化約成消費者。社會計畫人，還有他的功利派「先鋒天使隊」曉得最清楚：社群主義（communitarianism）已遭社會家父長制取代了。

可以代表這種家父長制信心滿滿的例子，便是戰後的城市政策。汽車大增所以要天橋，人口大增則要住宅。為資回應，很多街道及鄰里被整個鏟平，代之以現代風格的天橋及高聳的住宅大樓。然後，叫功利派先驅迷惘的是，踵隨而至的是強烈反彈。假如重點在提升窮苦人的實質住居條件，那麼鏟平社區有道理。只是那麼做，真正讓人類取得生活意義的社區，就被破壞了。

近來的社會心理學研究，讓我們更加了解那種強烈反彈。海德特（Jonathan Haidt）寫了本傑作，書中測量全球基本價值。他發現世人幾乎都珍愛六種：忠誠（loyalty）、公平（fairness）、自由（liberty）、尊卑（hierarchy）、關懷（care）及尊嚴（sanctity）。合作社運動創造出來的互惠式責任，取用忠誠及公平兩種價值。功利派先驅家父長作風鏟平社區，既破壞那兩種價值，也破壞了自由——近來神經增能社會心理學研究發現，社會計畫者鍾愛的現代派設計，因破壞共同的美學價值而削弱了人民福祉。先驅們為什麼無法察覺自己在做的事，會有這些道德弱點？海德特一樣有答案：他們的價值反典型。大多數人抱持六種價值，先驅與眾不同，把價值減少到只有兩種：關懷及平等。先驅的價值不僅反典型，他的特徵也迥異常人：西方人（Western）、高學歷（Educated）、工業化（Industrial）、富有（Rich）又已開發（Developed）。[2]關懷與平等是功利派的價值：怪胎的追隨者，便是「西高工富發」。教育依最好的狀況，可以擴展我們的同理心，讓我們能設身處境替別人想。[3]但實際上它經常適得其反，讓功成名就的人感受不到尋常群眾的焦慮。這批先驅用賢能、高人一等的自信來自我武裝，很容易便自認為是今天的柏拉圖國監，有資格推

2　譯注：這五個詞彙的英文頭字母組字成WEIRD，英文意思是怪異，作者在本章經常使用它，但中文無法類比，只能借用英文做法，譯成「西高工富發」。

3　平克二〇一一年精采講述何以十九世紀中葉識字率普及到大眾，為小說創造龐大市場。靠著讀小說，人們學會以他人的視角來看待事情——可以訓練出同理心，而且平克還解釋，以往大家愛看的公開絞刑，因此而消失。

翻他人的價值。我懷疑，海德特若進一步深究，他會發現：雖說「西高工富發」們誇張地蔑視尊卑，但他們真正蔑視的是過去遺留下來的尊卑。他們可是把一種新的尊卑視為理所當然——自己組成新的治國英才。

一九七〇年代，針對家父長作風的強力反彈成長起來。它本來有潛力，可以攻擊家父長先驅對忠誠及公平的藐視，而恢復社群主義。但這次領頭羊沒那麼做，他們攻擊家父長藐視忠誠及公平，是為了爭取自由，堅決要求個人索回「天生權利」，得以不受國家侵犯。邊沁曾駁斥說，天生權利這個觀念是「踩高蹺說空話」，就這一點，我贊成他說得對。只是，奮力想勝選的政客發現，公開聲稱人民有新權利，真是太好用了。權利聽起來比起僅僅保證會多花公帑，更講原則，而且，雖說一些特定的花費，可以用成本及稅金為基礎加以質疑，但民權卻叫相應的責任脫鉤，藏身幕後。合作社運動曾讓權利與責任穩穩相連；功利派曾叫個人與兩者都分離開來，然後轉移給國家。今天，自由派人士（Libertarian）雖把權利回歸給個人，但責任倒是沒有。

為個人爭取權利的運動，還與一股也要求權利的政治新運動結盟：爭取弱勢團體權利。這股運動由非裔美國人帶頭，女性主義者跟進效法。這些團體也找到代言哲人，那便是勞爾（John Rawls）。勞爾用一種不同但也包羅萬象的原理，來迎擊邊沁對天生權利的批評——一個社會，可依據其法律的制定是否用來造福最優勢團體，而斷定它有多重視道德。這些運動的基本宗旨在與他人平等的基礎上融入社會，非裔美國人與女性都為深刻的社會變化提供了強而有力的理由。誠如下文所示，社會形態可以堅韌得很固執，因此平等包容免不了要花一段時間，當成反歧視的抗爭過渡期。半個世紀過去了，我們還在過渡期中，只是過程中，一開始只是運動而爭取包容的東西已經強化，或許在無意之間變成團體認同，具有反對的實力：抗爭因想像會出現敵人團體，而注入生氣。[4]力挺權利的言論大舉孳生，包括個人對抗家父長國度的；政客定期澆灌給選民，說他們理當擁有的；還有新的受害團體想尋求有利待遇而說的。這三組權利幾乎沒有共通點，但是每一組都跟以下事項格格不入：也就是社會民主制度固守其社群主義的根基，確立權利要跟責任匹配，無一能免。

功利派的大道理由經濟學家相挺，而權利派的道理則由律師提倡。這兩派人馬在有些議題上意見相同，因此變成力量極大的遊說團體；但另些議題，兩派就槓上了。勞爾及其徒眾承認：將某些權利賦權給小而弱勢的團體，會讓其

4 這是法西斯主義及馬克思主義的共同策略。

他人全都過得更糟，因此未能符合功利派的標準。經濟技術官僚與律師大鬥法這件事，一開始權力的天平倒向經濟學家，畢竟有望達成「最大多數人的最大福利」，很投合追求選票的政客；只是，權力天平漸漸倒向律師，他們祭出法院這種核子武器。

雖說兩種意識形態漸形分歧，但都沒留多大餘地給當初指引合作社運動的思想。功利派、勞爾派及自由派都強調個人，而非集體，功利派經濟家及勞爾派律師都側重群體間的差異，前者立足於收入，而後者看重弱勢。兩派都影響到社會民主政策。功利派經濟學家要求由需求來指引重新分配；漸漸地，福利好處重新設計了，以至於需索權與貢獻脫鉤，打敗正常人類的公平價值。沒貢獻的人取得的權利，比有貢獻的更多。勞爾派律師強烈要求，依弱勢來引領補助。舉個例子，德國二〇一八年要協商聯合執政時，難民權利成為社民黨人士的首要前提，黨魁舒茲（Martin Schultz）堅稱：「德國必須遵循國際法，不論國內情緒如何。」那句「不論國內情緒如何」真是道德派先驅的經典說法，邊沁及勞爾應該都會為他喝采，只是一個月內，他就被民眾鼓譟著趕下台。兩派意識形態都蔑視正常人互惠、賞善罰惡的道德本能，只抬高單一一項理性原則（話雖如此，兩派所支持的並不相同），而由專家的頭目來頒訂。相形下，合作社運動奠基在正常人的道德本能；其哲學傳統可回溯到休謨（David Hume）及亞當・斯密（Adam Smith）。的確，海德特（Jonathan Haidt）把自己的著作，看待成「踵續休謨事功的第一步」，就很了解先賢的德澤。

雖說左派知識分子拋棄講求實際的社群主義社會民主，改挺功利派及勞爾派的意識形態，中間偏右的各政黨要不是僵化，變成懷念過去思想有多麼光明，就是被另一群同樣誤導人們的知識分子帶著走。以貝魯斯柯尼（Silvio Berlusconi）、席哈克（Jacques Chirac）、梅克爾（Angela Merkel）為代表的歐陸基督民主政黨，大多走上懷舊路線；而英語區的保守、共和政黨則選擇意識形態。勞爾的哲學遭諾齊克（Robert Nozick）反駁：個人擁有的自由權高於集體利益。這個想法自然跟諾貝爾經濟學獎得主傅利曼（Milton Friedman）帶頭的經濟理論結盟，支持追求自我利益的自由，只受限於競爭，如此產出的結果，遠優於經濟計畫及公家管制所能成就的。此外，這些思想成為雷根、柴契爾夫人革新政策時的知識基石。雖說左、右兩派的新意識形態呈現出來，看似截然對立，但它們有個共通點，就是側重個人，另鍾愛菁英領導：差別點在左派主張道德的菁英統治，右派推崇生產至上的菁英統治，兩者互別苗頭。左派的超級巨星，人變得非常好；右派的呢，變得很富。[5]

那麼，社會民主什麼地方出了大錯，以至於左、右兩派都拋棄它？在它全盛的一九五〇、一九六〇年代，它沒出什麼錯。只是，雖說社會民主向來是公共政策的主要知識力量，它卻是當時的產物。一切意識形態的特徵，便是宣稱自己囊括了全面真理，社會民主遠不能這麼自稱，而且它是建構在獨特的條件上頭，要有那些條件才適用。條件改變時，它標榜為全面適用的說詞，就震散破碎。到了一九七〇年代末期，當時英、美兩國一如往常，相挺社會民主的條件一樣都已崩潰；讓雷根、柴契爾乘勢而掌權的群眾反抗正大行其道。一九四五至一九七〇年代，社會民主能管用，原因在於它坐享二戰期間累聚的龐大、無形又無法量化的資產：舉國努力，被視為至高無上，又做得成功，而塑造出共有的認同。隨著那種資產耗蝕殆盡，家父長制國家行使的權力，變得愈來愈讓人討厭。

一如社會民主的社會支柱受到削弱，它的知識支柱也一樣。柏拉圖全知型的國監社會擘畫者，隨著新學科「公共選擇理論」（Public Choice Theory）崛起，他們被嘲罵到消失無蹤。由這一點可以察覺到：公共政策通常不是由超然的聖人所決定，而是平衡包括官僚自己在內的各色利益團體的壓力。擘畫人的無私，只能仰賴參與決策的人，都充滿為國謀利的熱情，一如二戰世代受灌輸那樣。哲學界裡，功利主義仍有信奉者的小塊地盤，但攻陷它的批評論述已經集結起來。還有社會心理學家如海德特的檄文添威加力，顯示出功利價值遠非全面真理。絕大多數人類絕非功利派經濟學描繪的畸形人，另外，人類看重的不僅是關懷，還有公平、忠誠、自由、尊嚴及尊卑。他們並不比社會民主領袖來得自私；而是更為圓熟。

因為右派的新自由主義被證實為更具破壞力，效率又不如預期，左派重返執政，但並沒回歸社群主義。左派現由新意識形態信徒控制，新的領頭羊汰換社群主義時，甚至可能沒注意到自己那麼做了。但尋常家庭注意到了，特別是因為左派先驅鍾愛的某些政策與社區脫節，還造成傷害，不受歡迎。他們由「天龍國」治理國家，而都會繁榮之中，另外把補助鎖定給他們判定為最欠缺的那些團體，即「受害人」。新時代的焦慮，正打擊那些經常不符合受害人資格的人，儘管事實上他們的環境，就絕對及相對兩方面，相形更時髦的「受害

5 有反常的人，既非常好又非常富，比如我的老友索羅斯（George Soros），就變成超級惡棍，左、右兩派都不信任。

人」團體，都在惡化之中。「受害人」資格有個必然推論，就是那些符合資格的人，不管怎樣都不必為他們的處境負責。即使勞動階級符合某些受害特徵，他們只夠格取得一些額外的消費：那就是功利派重新分配的焦點了。一些概念如歸屬感、賞善罰惡、尊嚴，還有受敬重是源自履行責任，聽來是如此陌生，以至於它們在專業論述裡，完全付之闕如。只是，白領工作階級通常拿不到受害人的資格。在評論那些人平均壽命下降時，無懈可擊的「西高工富發」發表「國家評論」說，「他們該死」。顯然，雖說一切受害人平等，但有些人比他人更平等。

我們生活在悲劇裡。我的世代經歷過受社群主義社會民主制度節制的資本主義，它取得歡欣鼓舞的成就。新的帶頭人物篡奪了社會民主，引進他們的倫理及施政前提。這種新經濟力量致命的副作用打擊到我們的社會，此時這些新倫理的不足之處暴露得很殘酷。在這些新意識形態管理下，資本主義目前的失敗，跟被它們取代掉的成功，一樣顯而易見。既已指出錯誤，現在該轉移心思，思考如何矯正情勢。

矯正情勢

我們的政客、報紙、雜誌及書店提供大量聽起來很聰明的建議：我們該再訓練工人專長；我們該協助弱勢家庭；我們該調升富人稅。其中很多精神對了，但只適應新焦慮的其中一個面向，沒提供連貫一致的解答來因應降臨我們社會的難題。它們也很少發展為可落實的策略，也沒有證據支持它們的效果。另外，它們跟意識形態信徒的點子一樣，也沒明確奠基在道德的框架上。我想做得更好，把連貫地批判現況出錯，結合以實際的救治之道，解決撕裂我們社會的三大裂痕。

社會民主制度必須重整知識旗鼓，讓它由面臨存亡危機，恢復成橫貫政治光譜中段的哲學，中間偏左及中間偏右兩派再次欣然採納。我有心做這麼聽來宏大的計畫，道理就跟六十多年前，克羅斯蘭（Anthony Crosland）寫作影響深遠的《社會主義的未來》（*The Future of Socialism*）一模一樣。那本書讓社會民主制度在全盛期取得知識的連貫一致。它斷然與馬克思意識形態分道揚鑣，認為資本主義不僅不是大眾繁榮的障礙，反而對繁榮至關重要。資本主義誕育並訓練公司、組織，讓人類駕馭規模生產及專精化的潛能。馬克思認為這一點會造成異化（alienation，又譯疏離）：在大企業裡替資本家工作，無疑會把享樂與勞動分開，而專精化「把（人類）化約成生產鏈的一小截」。諷刺的是，最嚴重的異化後果，顯見於工業社會主義。這種文化可以總結於「他們裝作付工資給我們，而我們裝作在工作」這句話。社會想繁榮，不必然要付出異化這種代價；接受資本主義也不是跟魔鬼打交道。很多好的現代企業讓員工有使命感，還有足夠的自主權，負責任地完成工作。企業的工人不光由工作取得酬勞，還有成就感。其他很多企業就不是這樣，很多人卡在沒生產力又磨損工作動機的工作上。假設資本主義要對人人管用，那它需要管理，以便做到既有使命感又有生產力。但重點在：資本主義要的是管理，而非打垮。

克羅斯蘭是務實的人；政策由是否管用來評判，而非是否符合某意識形態的信條。實用主義有個中心主張：因為社會改變，我們不應指望有永恆的真理。《社會主義的未來》並非供未來奉行的聖經，而是符合當時的策略。雖說合理懷疑先驅人物的驕橫家父長作風，但是它的福利觀點採極簡作風——把每個人的消費都弄成平等。《資主主義的未來》並非《社會主義的未來》的翻新，而是想提供一致的成套救方，以適應我們的新焦慮。

學術界已愈來愈分隔成講究專精的「筒倉」。這麼做的優點在有益於學問的深度，但當前的任務要跨越好幾個這類筒倉。這本書能寫成，唯一原因在我與範圍廣泛的世界級專家合作，而學到很多。新的社會分歧，部分是因為社會認同改變而驅動，我由阿克洛夫（George Akerlof）學到新的心理經濟學，了解人們在團體中如何表現。社會新分歧，部分動力在全球化出差錯，由雲拿保斯（Tony Venables），我學到大都會聚合這種新經濟動力，還有各省城市何以會內塌，它有部分是因企業行為惡化而造成。由邁耶（Colin Mayer），我學到可以怎麼做，來矯治使命感的喪失。社會分歧最根本的動力，是功利派占領了公共政策。由貝斯利（Tom Besley），我學懂道德理論及政治經濟的全新融合。另外，由胡克威（Chris Hookway），我學到實用主義的哲學起源。

雖說我試著整合這些知識巨擘的洞見，作為實用救方的基礎，但成書的結果全由我負起責任。批評人士會讀這本書，想找東西來挑戰，而且肯定找得到。不過，本書可謂認真嘗試，想把學術研究的新潮流，運用在困擾我們社會的新焦慮上。我希望，一如《社會主義的未來》，拙作能提供基礎，讓被圍攻的政治光譜中段部位能夠重建起來。

資本主義社會除了必須繁榮之外，還講究道德。下一章我會挑戰把人類描述為「經濟人」、既貪婪又自私的說法。令人慚愧的是，目前已有不容反駁的證據指出，學生學過經濟學之後，行為真的開始遵循那種說法，但那根本是一種偏差。對我們大多數人來說，五倫才是生命的根本，而且五倫帶有責任。最重要的是人類投入互惠，它是合群的精華。自私與互惠責任之間的戰鬥，也就是個人主義與社會之間的戰鬥，在三個支配我們生活的競技場上演：國家、職場及家庭。近幾十年，個人主義在每個場子都很猖狂，社會正在敗退之中。我提出方法，讓社會道德透過重新平衡權力的政策，在每一個競技場上都能恢復、提升。

我以這種務實社群主義道德為根本，接下來處理一直撕裂我們社會的分歧。勃興的大都會與各省破敗城市之間的地理新分裂可以減緩，但需要激進的新思維。大都會產出龐大的經濟租，理應回饋社會，但要這麼做的話，必須大規模重新設計稅制。讓破敗都市起死回生是辦得到，但目前罕見其例，不管透過市場還是公共介入，都不怎麼有效。想要成功，必須有很廣泛的革新政策，既協調又能持續不斷地做下去。

吃香的高學歷人士與吃癟的較低學歷者，兩者之間出現新的階級分裂，也是可以拉近的。但是，光憑一條政策無法解決吃癟。這個問題的本質太深沉了，與功利派執著於消費適得其反，無法以增加救濟金而增加消費來解決。比起各省破敗城市，甚至需要更廣的政策，來改變生命機會，不僅為個人，也為了他們的人際關係。這樣的社會干預，目標在支援窘迫的家庭，而非替他們承擔家長角色。低學歷吃癟的問題，還因高學歷、高技能的人採用自我吹捧的策略而告惡化。要節制那些最傷人的人，是可以做到一定地步；再說一次，問題不光是消費太踰越，必須由稅收制度來矯正。

談到全球分裂，自信滿滿、家父長式的先驅對全球化，向來漫不經心，受誘惑而預期國家未來會消失。只是，個人很理智地為自己抓住全球化帶來的機會，不必然對社會有益。對經濟學家來說，反對貿易障礙升高，原本立論良好，但現在都懶得講了，只無條件熱情相挺貿易自由化。貿易通常造福每個國家到獲利者足以充分補償輸家的地步；但是，雖說經濟學家大聲支持貿易，他們對補償卻極為靜默。缺少這一塊，要主張今天社會變得更好，就沒有邏輯上必然的基礎。可堪類比的事情還有：替少數族裔爭取權利的主張原本立論扎實，卻退化成無條件擁護移民。然而，貿易與移民雖都貼上全球化的標籤，走的卻是很不一樣的經濟過程，前者的驅動力是比較優勢，後者則是絕對優勢。天下沒有邏輯上必然的推論，說移民產出的利益，對移入社會或移出社會有好處；唯一得到明確好處的人，是移民自己。

宣言

資本主義成就多多，而且對繁榮極為重要，但它並不是「對大家都好」的經濟學。目前社會的三大新分裂，沒半個可以光靠市場壓力及個人自利，就能夠治好。「振作起來，祝旅途愉快」，唱這種調子不僅是音癡，而且是太自滿於現況。我們需要積極的公共政策，但社會家父長制頻頻失敗。左派認為，國家最能解決問題，但是很不幸，並非如此。由先驅引領的國家，照說該是唯一由道德帶頭的實體；但這麼想，就瘋狂誇大國家的道德能耐，相對應地貶低家庭及企業的能力。右派把信仰放在相信打破國家管制的鎖鏈——也就是唱自由主義的經——可以釋放出自利的力量，人人都發財。這太過抬舉市場的法力，相應地貶低了道德限制。我們需要積極的國家，但要那種國家的角色謙卑一點；我們需要市場，但市場需由穩穩植基於道德的使命感所駕馭。

因為沒有更好的術語，我想把自己所提彌補裂痕的政策，取名為「社會母權主義」（social maternalism）。國家可以活躍於經濟及社會領域，但不會露骨地自我擴權。其稅賦政策將限制權貴，不讓他們侵吞分所不當的利益，但也不會興高采烈地剝奪富人的收入而交給窮人。國家的法規，將賦權給那些受苦於「創造性破壞」（creative destruction）的人，讓他們有權取得補償，而非試圖阻撓讓資本主義有驚人動能的「創造性破壞」；它透過競爭而驅使經濟進步。[6]愛國情操會是一股凝聚的力量，取代強調認同已破碎，因此發牢騷的論調。這項工作的哲學基礎，在於拒絕意識形態。這麼做，我指的並非暗示把一堆散碎思想湊在一塊兒，毋寧說是願意接受我們出自本性的多元道德價值，還有這種多元性所隱含的務實面的取捨。訴諸某種單一而絕對的理由律（principle of reason）就想凌駕價值，這種手段注定會引發分歧。接受世人的多元價值，這種態度係植基於休謨與斯密的哲學。本書當中的政策，橫跨左、右光譜，歸納

6「創造性破壞」指的過程，是有效率的企業經由競爭，把較沒效率的逐出市場，這一點大可解釋人類平均收入的增加。這個術語由熊彼得（Joseph Schumpeter）於一九四二年所創，他描述它為「資本主義事實上的精華」。正因如此，其他「主義」不管多浪漫、吸引人，充其量只是不痛不癢。我們社會的未來，端賴改革資本主義，而非推翻它。

二十世紀最差的狀態，而且那種狀態有猛烈回歸之勢。[7]

造成二十世紀大災難的政治領袖，要不是瘋狂提倡一種意識形態——奉行某原則的人，就是兜售民粹的人——有領袖魅力的人（沒錯，通常是男人）。相形這些意識形態信徒及民粹人物，二十世紀最成功的領袖，都講實用主義。李光耀承擔起一個泥淖於貪腐及貧窮的社會，正面對付貪腐，把新加坡轉化為二十一世紀最成功的社會。老杜魯道（Pierre Trudeau）面對的加拿大分裂到瀕臨分國而治，他化解魁北克分離行動，把國家建設得讓國人引以為榮。卡加米（Paul Kagame）把盧安達由種族大屠殺的廢墟，重建成運作順遂的社會。提伯曼（Jonathan Tepperman）在《國家為什麼會成功》（*The Fix*）一書中研究十位這種領袖，找尋他們靠什麼公式來解決嚴重問題。他結論說，這十人共有的特點，在於揚棄意識形態；取代的手法，是聚焦用務實方案克服核心問題，前進過程中隨情勢而調整。他們有心理準備，必要時得強硬；他們有意願，不把優惠賦予權勢團體，正是能成功的特徵。李光耀願意把自己朋友下獄；老杜魯道拒絕讓魁北克同胞取得垂涎的獨立國家地位；卡加米不讓自己的圖西族團隊按慣例打劫戰利品。他們取得最後成功之前，都面臨嚴峻的批評。

本書寫的實用主義，堅定且一致地立足在道德價值上。但書中揚棄意識形態，因此保證會觸怒各種派別的意識形態信徒，他們是目前支配媒體的那些人。「站在左派」這種身分，變成抄捷徑，讓人自覺道德優於他人；「站在右派」這種身分，變成懶鬼覺得自己「講究實際」的捷徑。讀者即將在書中一起探索未來講究道德的資本主義；歡迎鑽進荊棘叢中心。

7　實用主義、繁榮、合群、道德及社會心理學，這些組成區塊都符合一致。這是因為它們都回歸休謨及他的朋友斯密。誠如斯密的傳記家諾曼（Jesse Norman）於二〇一八年所述，他是個務實的人。倒過來說，實用主義的起源可見諸斯密：「現代研究斯密的牛頓派科學哲學含意，最偉大的成果，見諸皮爾士（Charles Sanders Santiago Peirce）的作品。」皮爾士是實用主義的奠基人。斯密與休謨的道德，顯然走社群主義路線；誠如諾曼細心說明，兩位哲人並非功利派始祖。

二

恢復道德

第二章

道德的基礎

由自私基因到講道德的團體

現代資本主義本有潛力，讓人類全體提升到前所未有的繁榮，但它道德上破產，一路走向悲劇。人類需要使命感，而資本主義目前沒有提供。其實它是可以的。現代資本主義的適當目標，在於讓大眾繁榮；或許，因為我出身寒微，而且為貧窮社會做事，我曉得那是真正有價值的目標。但它還有不足。在成功的社會裡，人們欣欣向榮，把繁榮跟歸屬感、尊嚴結合。繁榮可以用收入來衡量，而它的對立面是絕望又貧窮；欣欣向榮目前最好的估量方法是安和樂利，而它的對立面是孤絕又羞辱。

身為經濟學家，我學懂要達成繁榮，唯一的方式便是不集權、以市場為本的競爭——也就是資本主義的重大核心，但安和樂利的其他面向，來源又是什麼？相形「經濟人」被設想成懶惰成性，具有目的性的行為對維持尊嚴而言相當重要，如工作。[1]而且，相形經濟人只顧自己，歸屬感則需仰仗相互照顧。講道德的資本主義，既帶來繁榮，還支持尊嚴及歸屬感，絕非匪夷所思。然而可想而知，很多人認為那真是匪夷所思；他們把資本主義看成只靠貪婪驅動，髒到無可救藥。

面對這種批評，資本主義支持者經常鸚鵡學舌，念誦馬克思的信條「結果決定手段」。這一點基本就出錯。資本主義只由貪婪驅動，運作不良會一如馬克思主義，只衍生羞辱及分裂，而沒有大眾繁榮。沒錯，目前資本主義正拉著社會走上那條路。本書闡明另個選項，而在其中，把道德目的注入手段。這樣重新設定引發的效果，會比大企業公關部門想出來的暖心口號，或者菁英權貴參加達沃斯全球經濟論壇，來得更強。

這本書的第二部在闡明這些解方憑以建立的道德基礎；而第三部則談解決社會分裂的實用解方。這一章先探索我們的道德，如何與感情連結起來，如何演化，還有事情怎麼會出錯。

想要與「應該」

資本主義能言善道、主張結果決定手段的支持者，都援用亞當・斯密《國

1 當前測量安和樂利最實際的方法，是使用一個十級量尺，由可想而知最糟到最好的狀況，測繪「生命的階梯」（ladder of life）。這麼做比起直接詢問快樂程度，證實為較可靠的做法，原因在快樂會受當時情緒影響。「生命的階梯」調查結果，見刊於《世界快樂報告：二〇一七年》（*World Happiness Report, 2017*）。

富論》裡著名的主張：人人追求自己利益，最後導致大家都好（common good，也譯為共善）。「貪婪是好事」成為雷根—柴契爾革命熱忱的知識支柱。斯密的主張很珍貴，修正唯有動機善良，行為才好這種愚騃觀念。只是，一七七六年《國富論》出版，把現代經濟學建立在一種徹底卑劣的角色上，經濟人自私、貪婪又懶惰。這樣的人真的存在，你也會碰到幾個。但即便億萬富豪都不那樣過日子了；我認識的幾位都是奮發的工作狂，他們都遵循大於自我消費的使命，來打造自己一生。很多經濟學家很願意承認這些局限，但人性本善的嚴正聲明，碰撞到殘酷的事實：經濟學學生變得格外自私，而且，我們用來指導政策的模型，假設說人性本惡，讓嚴肅的討論受到局限。[2]

然而，斯密並不認為我們都是經濟人。他認為肉販子及麵包師這些人不光追逐自己私利，而且是社會裡受道德驅使的人。電腦用唯理自利的公理，來預測經濟人的行為。只是，我們預測肉販與麵包師的行動，靠的是設身處地，這種做法稱為「心智理論」（theory of mind）。斯密察覺到，發自內心來看待別人，不僅能讓我們懂得他們，還促使我們關懷他們，評估他們的道德性格。他把同理心及判斷力這兩種情感，看成道德的基礎，在我們想做什麼，與我們應該做什麼之間，植入緩衝。道德源自人類的情感，而非理智。他在一七五九年的《道德情操論》（*The Theory of Moral Sentiments*）書中，闡明這一點。我們在書中，可以發現三種強度有別的責任。

最強烈的責任來自親緣（intimacy），影響最深遠，比如對子女及近親無條件的付出，不止如此還會推己及人。最弱的責任是對遠方苦難的人，斯密在著名的一段文章中，用中國地震為例，它不會叫一個十八世紀英國人心情難受到吃不下晚餐。雖說到了二十一世紀，有了社群媒體及非營利組織，同樣的事情也不會叫英國人晚間不去俱樂部。在探討難民危機的書《庇護》（*Refuge*）中，比茨（Alex Betts）與我援引這項責任，把它稱為「救援的義務」（duty of rescue）；斯密則把它稱為「公平感」（sense of impartiality）。客觀來講，我們知道遇著地震之類的狀況，應該伸出援手。而在《底層十億人》（*Bottom Billion*）一書，我引用不同的救援義務。有十億人面臨絕望的貧窮，你不必是聖人，也能察覺我們該做些能為他們帶來希望的事。

介於親緣與救援的義務之間，是一些斯密作為著作焦點的感情：比如羞愧及尊敬，它們所含的壓力沒那麼沉重，讓我們彼此能交換責任——你若幫我，

2 有個例子，便是把獎金文化導入公職部門。

我會幫你。這種事辦得到，是因為信任，而信任是由厭惡背信的感受來支撐的。人類為何感受得到那些情緒——經濟人的心理，有這些東西嗎？有證據支持這些問題的答案，比如人都有悔恨：最好把人類描述為「合群人」（social man）。合群人在乎別人怎麼看待他：他需要敬重。合群人依然理智——想把功利放到最大——但他獲取功利，不光是為自己消費之用，還為了敬重。敬重跟貪婪、歸屬感一樣，都是基本動力。

諾貝爾經濟學獎得主弗農．史密斯（Vernon Smith）認為，《國富論》及《道德情操論》立論理念一樣，就是透過交易而互利。商品的交換場合在市場，責任的交換場合則在有聯絡的團體，這是本章的主題。兩百多年來，經濟學家認為斯密寫了兩本不相容的書，而忽視了《道德情操論》。直到最近大家才妥當地了解，斯密並沒分裂為雙重人格，還是完整為一，而且他遭人忽視的思想極其重要。

人的動機，一半來自《國富論》的「想要」（wants），另一半來自《道德情操論》的「應該」（oughts）。斯密瞧出，這兩項動機由自給自足，變成交易交換，都是顛覆性的，只是依他評估，似乎認為《道德情操論》更為重要，「應該」的交換，好像勝過「想要」的交換。「應該」只是內心在叨叨念嗎？

而形塑人類行為的力量，難道不光是「想要」或貪婪？不同於教科書或反資本人士所暗示的嗎？

社會科學目前已取得證據，指出兩者相對的心理重要性，行為實驗也發現，「應該」跟「想要」一樣重要。有個巧妙簡單的新證據，指出哪個更重要。人們回答問題，回憶並排列那些過去自己最懊悔的決定。我們都犯過錯，而最嚴重的錯傷痛難消。受訪人的回應經過分門別類，我們可想而知，經濟人最懊悔的有「早知就買下那房子」、「那次面試沒搞砸就好了」、「早知就買下蘋果股份」。沒能滿足自己的需求，會叫我們悔恨；只是，它們在研究之中幾乎看不出來。人們犯很多這種錯，但很少糾結。最傷痛不已的懊悔，是未能履行「應該」，也就是我們破壞責任，讓某人失望。我們由那些懊悔學懂，要善盡責任。雖說我們的決定經常偏向一時愚蠢，但是當我們考量自己的行動時，「應該」通常會勝過「想要」。

社會心理學也已證實斯密的論點，那便是道德源自價值觀，而非理由。海德特已找到證據，支持價值壓倒理由。人們會試著援引理由，來支持自己的價值觀，但如果理由被駁倒，我們會設想別的，而非修正價值觀。我們的理由，經揭穿不過是自欺的裝模作樣，一種稱做「有動機析理」（motivated reasoning）

的騙局。理由定著於價值觀，而非價值觀定著於理由；不然，引用斯密很生動的文句，「理由是激情的奴隸」，這種狀況對有理智的經濟人來說更糟糕。梅西耶（Hugo Mercier）與斯珀伯（Dan Sperber）在《理性之謎》（*The Enigma of Reason*）書中，便指出理性本身演化出來，是為了說服他人這個策略目的，而非改善我們自己的決策，這一點被認定為一大進展。「有動機析理」便是我們發展出說理能力的原因，正常時又如何使用它。然而更根本的是：過去兩百萬年，人類腦容量大舉擴張，其動力是合群的需求。斯密的思想看來絕非過時，反而擘畫出經濟學教科書未來的方向。

價值經常互補，衍生進一步的準則。海德特發現，公平與忠誠兩種價值有共通點，聯合支援「互惠」（reciprocity）這個準則。我們都有追求尊重的基本動力，違反責任時會覺罪咎，而互惠準則正是兩者之間的連結。實驗已指出，互惠正是重點，憑著它，即使是很吃力的責任都能持續下去。關懷這項價值支撐著救援的義務。若是那些有意幫忙的人組成團體，又能駕馭公平及忠誠，而建立相互承諾：「你若幫忙，我也幫。」一如我們學懂把「想要」排好優先次序，我們對待價值也是一樣。透過務實析理（practical reasoning），我們細修乍看之下有衝突的價值，任由背景來顯露有所折衷。

這便是休謨及斯密的思維。實用主義的哲學立基其上，推動這樣子把共同的道德價值與務實析理交織起來。它的根源即是社群主義，把道德的任務，看待成盡全力讓自己的行為，吻合我們社區的價值，還有環境的特性。[3]我們動用務實析理，推斷出正確行動；它揚棄意識形態，沒有包羅萬有的單一價值，既絕對又縱貫古今未來。在真正的社群中，價值的相對重要性會演化，實用主義問的便是：「當下眼前，最管用可能是什麼？」

相形下，每個意識形態信徒都宣稱，自己擁有源自理性的至高無上，優於反對他們的人。這種最高意識形態的監護人，就是行家們的頭領。宗教基本教義派請出獨一無二的神明當終極權威；馬克思派端出「無產階級專政」，而由統治集團領導；功利派用的是個人功利的總計；勞爾派用「正義」，都按他們

3　實用主義奠基者之一的詹姆斯（William James）於一八九六年說：「一個合群有機體，不管種類、可大可小，它能夠存在，是因為每個成員執行其職責時，信任其他成員同時也會做他們的。無論何時，一個大家都愛的成果，由很多獨立的個人合作完成，它作為事實而存在，便是一個純淨的結果，指出團體內直接相關的人，對彼此有先導性的信心。一個政府、一支軍隊、一套商業體系、一艘船、一所大學、一支運動團隊，都依這種條件存在，沒有它，不僅一事無成，其至連嘗試都不想試。」本章指出這類信任如何建立。

自己的定義。實用主義與意識形態明顯有別，此外它也站在民粹的對立面。意識形態賦予某個「理由」的特殊地位，要高於人類豐富的價值；民粹則蔑視按證據務實析理，鹵莽地由激情跳躍到政策。我們的價值與務實析理交織，結合了心與智。民粹提供無智的心，而意識形態則提供無心的智。

實用主義有自己的危險。依情況不同而推斷道德行動的自由，一定會受制於我們本質的局限。析理很耗心血，只是我們的意志及能耐也有限制。更糟的是，我們會受到誘惑，把理由嵌進價值觀之中。最糟的是：我們的判斷無法優於我們的知識。務實的人承認這些限制：我們個人的道德判斷不見得可靠。一切務實社會都發展出多種處理方式：我們使用多種經驗法則，有些還訂定為制度。制度的最棒狀態，是把社會由廣泛經驗而積累的學問濃縮起來，但學問太龐大，一個人無法全盤了解。很多道德決定，可能最好由制度來指引。好些政治哲學家極懷疑個人有務實析理的能耐，便推崇已由制度吸收、累積下來的智慧：這便是保守主義（conservatism）。[4]那些最不懷疑個人析理能力的人，推崇它提供的自由：這便是自由主義（liberalism）。兩項關切都有理有據，解答之道在於平衡。

互惠是怎麼崛起的

互惠責任對福祉至關重要，但它們是怎麼出現的？任何解說都必須與演化一致相符，包括支撐起互惠的價值及渴望。競爭食物這件事，會偏愛傾向貪婪的人，而消滅利他博愛的人，要瞧出其原因很容易。但我們為什麼也渴望歸屬感及尊重？為什麼我們重視忠誠、公平及關懷，或者說，怎麼會有任何價值存在？演化向來是殘酷的篩選過程，著重有利的特質，因此看來你所需要的，就是自私的物質主義：尊重及歸屬感又不能吃，價值會叫你束手束腳。粗淺聽來，經濟人就是自私基因大聲呼喊的對象。

只是我們知道事情不是這樣：自私基因並不造就自私的人。數千年來，人類靠著成群合作，才存活下來，孤身一人注定必死。經濟人沒有歸屬感、尊重的需求，太自私，是不容留在團體當中的，他會被放逐。天擇會篩除唯理算計

4 有些人用自由一詞來罵人，暗指它包藏很多道德污穢，兩者不可混為一談。

的經濟男人，喜歡理智合群的女人（rational social woman）；我們的身心結構本就追求歸屬感及尊重，跟食物一樣。只是，這些共同價值源自何處？

早期人類成群而居，團體就是人類的網絡，人們在其中互動，透過模仿傳播共同行為。智人出現時，人類也結群而生活，也彼此模仿。現在還是這樣。人們會在不知情下影響到朋友的行為，甚至朋友的朋友，再擴大到其他朋友。只是智人發展出一種獨一無二的強大互動工具：語言。為什麼語言是那麼強大的優勢？原因在於只有語言可以敘述事情。隨著人們彼此交談，敘事周流，將思想廣泛的傳達，這正是區別人類與其他物種的活動。笛卡兒的名言「我思故我在」（Cogito ergo sum）應該倒過來：我們不是由自身推斷出我們的世界，而是由世界推斷出自身。組成全人類的最小獨立單元，倒不是能講道理的個人，而是我們誕生其間的人際關係。我們可以由極罕見的反常案例「狼孩」有所領悟。這些狼孩真如神話裡的羅慕盧斯（Romulus）、瑞摩斯（Remus）兄弟一樣，長大後能創建羅馬嗎？時間點由羅馬移到現在，我們很可能會認為，情況會是蘭德（Ayn Rand）假說的邏輯終點。蘭德假說講：如果人類成長時，能擺脫社會的桎梏，那麼會變成亞特拉斯（Atlas）神那般，成為心靈獨立的創新者。事實上，那種人反而是悲劇的產物，不能視為人類。有個著名例子便是十八世紀，有個九歲大孩子經人發現活在法國森林裡。雖然大力教育他，但他再也學不懂說話，遑論如正常人一般做事生活。今天可資類比的，便是羅馬尼亞共黨時代，國立收容所收養的嬰孩。

孩子們透過頻繁聽故事，很快便發展出歸屬於某個團體或地方的感受。早在我們發展出說理能力之前，就已取得這種感受。家庭認同早年便已建立，甚至一些大如國家認同的東西，一般在十一歲形成；相形下說理能力發展得較晚，大約在十四歲。我認為自己是約克郡人，我成長時聽了一千次約克郡故事，出現認同，而且這種聽故事的回響代代相傳。寫到這一點我想起來，每晚我都用方言，讀《達夫特約克郡童話集》（*Daft Yorkshire Fairy Tales*），給我十一歲的兒子阿列克斯聽。

綿羊沒有複雜語言的能力，然而牠們也發展出知覺，懂得隸屬於某地某團體。一旦這種知覺發展出來，牧羊人的活兒就輕鬆多了，原因在綿羊會由山坡回到牠們已有連結感的地方，這種過程叫「加重心」（hefting）。我們知道，一旦羊群有了重心，這種歸屬感會由成羊傳給小羊。這種狀況發生得太快，不可能是遺傳，而是學而知之的行為。只是，雖說一群牲口加重心太快而非遺傳，仍要好幾個世代的時間才能建立。為什麼綿羊學這麼慢？對這一點，我提供一個援引社會科學（而非牧羊人）的解釋法。[5]綿羊在牲口群裡，面臨協調問題。綿羊模仿其他羊，對整群待在山坡的羊都一樣，牠們還得知道，別遊蕩走失，也別跟隨任何走失的羊。我們由現代實驗心理學得知，要解決協調難題，關鍵在「共識」（common knowledge）；也就是說，由大家都知道相同的事，轉移到大家都知道我們曉得這件事。一個群體產生共識的方法有兩種，一是共同觀察（都在同一時間看到相同事情），另一種是共同敘事。我推測，綿羊要花幾百年才形成共識，原因在牠們只能透過共同觀察，因此面臨雞先蛋先的麻煩。牠們必須觀察到，其他羊都選擇留在山坡，但非到綿羊都學懂了，那種行為是看不到的；羊群必須等到發生很罕見、偶然的行為結構，才能學懂。智人可以遠為快速地建立起共有的歸屬感，方法是使用語言，流通「我們屬於此地」的敘事。[6]

敘事不僅教懂我們歸屬感，還讓我們懂得該做什麼——讓我們取得團體的準則。我們還小時便學這些，再加上遵守準則而取得尊重的誘因。我們把這些準則內化成自己的價值，靠著遵守，我們還取得自尊。破壞準則，代價是失去尊重；一如我們所知，那麼做的人，最後都會後悔。我們有些價值是先語言而存在的：團體不必語言，才能演化出父母關懷子女的本能。但對大型團體的互惠責任必須協調，而協調夠複雜，需要敘事，因此需要語言。[7]

敘事還有第三個功能：我們學懂，我們的世界如何透過把動作與結果連起來的敘事而運作。我們的行動變得有目的。實驗指出，人類仰仗故事的程度，要勝過直接觀察或學習。把故事加入因果鏈，對於那些看起來並非如此自利的行動，此時看來就很理智了，創造出開明利己（enlightened self-interest）。這麼做最好的狀態，可以擴大我們的知識；最差的狀況，它會造成實情與我們信仰的東西兩者間的斷裂——稱為「假新聞」的敘事。故事不論真假，力量都很大。兩名諾貝爾經濟獎得主阿克洛夫（George Akerlof）、席勒（Robert Shiller）分析金融海嘯，成果非凡，他們撰文斷言說：「故事不再僅僅解釋事實，它們

5　我也不貶抑另一種解釋，那便是綿羊很笨。

6　綿羊可以咩咩叫，其他很多動物也能使用初級語言，但只有人類駕馭了必備、用來敘事的複雜文法。見諸巴瑞特（Feldman Barrett）於二〇一七年著作第五章。

7　有一段時候，社會演化學家認為，一堆團體之間的天擇，本身就會引發本質上支持合群的價值，如互惠，但目前研究加權暗示，這不能解釋我們支持合群的價值。蜜蜂只能用肢體語言來合群，但那是因為牠們有很不一樣的繁殖模式。見馬丁（Martin）於二〇一八年的著作，可清晰得知最近的說法。

就是事實。」對金融海嘯為真的事情，證實也適用於大型暴力事件。新研究發現，要預測暴力事件會不會爆發，最好的方法便是監看流通於媒體的敘事。

歸屬感、責任及因果這三種敘事在一起，鑄成一張互惠責任網。我們的責任敘事灌注了公平及忠誠，告訴我們為什麼應該履行互惠的事。我們共有歸屬感的敘事，跟我們講誰在參與，互惠責任只適用於接受它而特定的一群人。我們的因果敘事告訴我們，為什麼我們不得不採取的行動有其目的。結合起來，它們便是信仰系統（belief system），改變我們的行為。信仰系統可以把無政府地獄，轉化成社會；由「險惡、野蠻又短暫」，變為「欣欣向榮」。敘事對智人真是獨一無二，我們絕非只是人猿。

人在相同網絡裡，會聽到相同的敘事，取得都聽過的共識。在網絡裡，特殊的歸屬感、責任及因果敘事往往嵌合得很好。那些有可能造成撕裂的，可以透過禁忌而防止流傳，或者被貶斥而排擠掉。理念洗牌般混在一起，以至於它們增強彼此。它們一起把共同認同，與目標及如何達成目標的提議相連起來。「信眾」經由「經常祈禱」而追求「天堂」；「牛津教授們」「留心於教學」，渴望「打造出偉大的大學」。

信仰系統可以導致一些最駭人的後果，最明顯的便是國族主義，下一章我會處理它。但信仰系統也有無比珍貴的好處：讓人不再是自私的經濟人，轉變為有責任心的人，感受到自己隸屬於「大我」；而且社群裡，人們打量彼此時，不再以恐懼或無動於衷，而是預先設定為彼此尊重。一個只充滿經濟人的世界，不會是簡單經濟學教科書想像、功能完美的天堂；那種世界，顯然只需要自私。那些教科書預先設定好一個社會，裡頭規則已經都獲同意及尊重。偏差行為心理學兼社會心理學（SOC PSY 999）與高等政治學（POL SCI 999）都完成時，基礎經濟學（ECON 101）才能開始。拖了很久，經濟學家正在認識這一點：先驅人物原來是阿克洛夫與他的合撰人克蘭頓（Rachel Kranton）。只是，等到經濟學趕上狀況，還是帶來一些有用的深刻見解。

近期的一個見解與道德準則的演化有關，意義深遠。提出來的人是貝斯利（Tim Besley），而他的靈感得自生物學：準則有如基因，是由父母傳給子女的，只是，過程看來很不一樣。貝斯利由一個想像的社會入手，社會裡，有些人秉持一種準則，而其他人奉持的不同。人們選擇結婚對象時，往往會找跟自己準則相同的人，只是愛神偶爾會搞砸，孩子們成長時，父母的準則相左。那麼，孩子會採納父方或母方的準則呢？貝斯利假設一個攪亂理念的簡單過程，以避開父母性格不合導致的心理緊張：孩子們往往會採納父母較快樂一方的準則。至於哪一方較快樂，在一套大多數人得勢的政治系統裡，志同道合者多的人較為快樂。由這一點，出現兩個畫龍點睛的妙論。

天擇裡，若是一個島嶼有白色海邊懸崖，居住其上的鳥兒會演化成白色，不論牠們由其他島嶼搬來時，顏色有多駁雜。生物會演化來適應棲息地，相形下，準則即便在兩個完全相同的棲息地，都可以演化得很不一樣，驅動力是一開始發生時微小的差異。環境便是人群，而人們演化以適應彼此。[8]一個社會始自何處，決定它將終於何處，初始的差異會放大。這一點清楚地呼應我們在世上觀察到的實情：不同的社會，擁有差異很大的主要準則，每個準則在自己的社會中都歷史悠久。但是，第二個妙論更是令人叫絕。天擇裡，人群最後會擁有「最適合」棲息地的那些特色。考量到懸崖為白色，鳥兒變成白色更吃得開，但是對於準則，絕對不能做那樣的設想。雖說準則對每個人都好，人人奉行，但最後也可能為大家帶來負面的結果。為瞧出這一點相形於天擇有多怪異，可以比擬成只因大多數鳥兒一開始是藍的，而使得一切鳥兒都演化成藍色，當襯映在白色懸崖時，牠們反而更容易被掠食者吃掉。[9]兩條妙論結合起來，意味著人的網絡，最後可能停止於某種穩定的準則結合，可依然功能不良。是穩定沒錯（也就是說，它不再經歷進一步變化），但只是因為每個人都被其他人奉持的準則束縛住。

這兩項研究成果有個強大的含意：保守派政治哲學無法完全不出錯。保守派哲學家崇敬社會累積下來的制度，視為把經驗的智慧濃縮起來，但那些制度很可能只是把運作極其不良的準則正式化而已。只是，這樣也不代表授權給合理原則：有動機的析理仍可能導致災難。

策略性運用組織裡的準則

過去幾千年，大多數人類不是靠組成一群掠奪者來過日子。現在生活物質方面成其可能，是因為人們在大組織裡一起工作，我們從中收穫規模及專精生

8　天擇在此最接近的類比，是叫做「生態位建構」（niche construction）的現象，比如水獺適應牠們有形的環境。

9　有時候，就好比生態位建構的案例，棲息地也演化，而符合這些特徵。藍色鳥並不會把懸崖漆成藍色，但水獺會更動溪水的流動。只是，人類調整適應準則的方式，不能類比於生態位建構；棲息地不過是他人的準則而已。

產的效益。

三種組織支配了我們的一生，各自適合不同範圍的活動得最好。最小但最基本的便是家庭：八成六的歐洲人與他人合住在同一屋簷下，而且，家庭是大多數小孩的「鑄造爐」。雖說家庭是準則，但有些意識形態對它敵意很深。社會主義集體農場完全廢除家庭；羅馬尼亞共產時代也把成千上萬的小孩，由父母身邊帶走，集體教養；史達林派馬克思主義，以及宗教基本教義派領袖，都鼓勵孩子們斷絕親子關係。誠如我們下文所見，目前的資本主義也不太幫忙家庭：好些社會裡，家庭正在瓦解。然而，由家庭主持養兒育女有很多良好的理由，其他替代教養方式證實都望塵莫及。

人們工作時，經常會組成公司行號：規模對現代的生產力等級至關重要。在美國，百分之九十四成群工作，在英國則為百分之八十六。[10]某些意識形態對公司有敵意，一如對家庭，老派浪漫人士推動社會退回到由工匠、小農及公社而組成的狀態。新式浪漫派大肆吹捧新的電子平台如Amazon、Airbnb、Uber及eBay，說能讓人與他人直接交易。但是，Amazon及Uber自己變成大雇主。在非洲社會，大多數人獨自工作，當工匠或小店主。這有其優點，但結果則是生產力長期低落，所以人們很窮很苦。我們需要現代企業，非洲人民亦然：非洲不僅是最不富庶地區，也最不快樂。

在最高等級，許多活動如立法管制、供應公共財及服務、重新分配收入，由國家來組織最好。更激烈的數字乃是：所有繁榮的社會都組織成國家，而所有沒成立國家的社會都極為破敗。[11]一樣，有些意識形態對國家心懷敵意。馬克思主義者，事實上以國家為中心來組織社會的程度為史上之最，卻假裝有極為不同的目標：說國家按道理會「凋亡」。但是，目前最有影響力的反國家意識形態，要屬矽谷的自由至上人士（Libertarian）。照他們的說法，隨著使用者不再使用官方通貨，比特幣將取代國家供應的金錢。擁有新式電子公用事業的超人們，將由每個人自行決定怎麼使用最好，忽視或者擊潰國家施加的管制。全球已能做到人對人聯繫，將取代空間上遭束縛的民族國家社會。「工業

10　這兩個數據實為低估，原因在於很多自雇的人（列在其他項目）事實上替公司行號做事，自雇是合法手段，想減少責任。

11　有些社會達成沒富庶而快樂，最動人的例子是不丹。但不丹肯定不是沒有國家的社會。相形之下，它是一個不尋常的例子，一個國家以使命感及歸屬感為優先，勝過收入，著稱的是透過它強調保存國家文化。不丹國民在亞洲最為快樂。

世界的政府，爾等是血肉、鋼鐵而疲憊的巨人，別來煩我們」。由政府解放之後，我們將整合成巨大的整體，「穩私不再是社會準則」。這種結果，道德及實務上都更優越。可悲的是，我看不見得。

讓世界相連起來的矽谷巨擘們想著，這麼做了，他們正引領出一個全球社會，而團結於他們自由至上的價值。這一點極不可能。新的人對人的聯繫科技，正拆散連結成網絡的團體，而團體當初是因偶然共同享有同一地點而聚合的，不論是當地社區或是國家。這種新而電子化網絡連結起來的團體，成為它的會員是出自選擇，而非偶然：人們較喜歡跟觀點相同的人結交，組成「迴聲室」（echo chamber）。他們印證敘事產生信仰的過程，但愈來愈疏離我們共居的土地。只是我們的政治單位，依然由我們住在哪兒來界定；我們的選票，是逐地計算的；而由我們政治源起的公共服務及政策，也是逐地提供、施用的。所以，由於數位連結力，以往在政治準則之間，造出廣大變異的相同過程，目前正在變異之中造出也很廣大的變異。我們政治裡的思想愈變愈極端，不睦則變得更凶惡。過去幾百年，仇恨讓政體對抗政體，目前則讓每個政體之內，信仰系統惡鬥信仰系統。過去政體之間的仇視，轉化成大規模組織暴力。政體之內的仇恨可能帶來不同的結果，但可能是相當無情的。

家庭、企業及國家，是我們形塑人生的三大場合。要建造它們，最快速的方法便是尊卑階級，上位者發號施令給較低階的人。雖說建立得很快，但它們能有效率運作的很少：人們只在發號施令者監督下屬在幹什麼時服從命令。逐漸地，很多組織學懂，軟化尊卑會更有力量，創造出相互依存的角色，而有清晰的使命感，讓人有自主權及義務來扮演角色。由權力而運作的尊卑階級，轉變成透過使命感而相互依存，意味著領導權發生相應變化。領袖不再是總司令，而變成大溝通家。胡蘿蔔及棒子演化成敘事。

現代家庭裡，父母平等，而且，要孩子負擔責任得用哄勸的。在企業及政府裡，上下階級已激烈扁平化，例如英格蘭銀行以往有六個不同的員工餐廳，這種殊異化的程度，現在已不可思議。領導職位並沒廢除，但角色已經改變。保留領導職位有個不錯的理由——畢竟烏托邦式的替代方案一定會招致失敗。

位在家庭、企業及國家頂端的人，比起下位者更有權力，但他們的責任通常要遠超過權力。為了達成責任，他們需要團體裡其他人聽從，但想做到，手段只能說有限。我有人父的角色，試著堅持叫兒子艾力克斯夜裡上床睡覺。但蠻力真是苦差事，很沒成效：艾力克斯藏在棉被下讀書。一切成功的組織，不管是家庭、企業還是國家，領袖們發現，透過創造責任感，他們可以大大增加下屬的服從心。艾力克斯想熬夜讀書，但假如我能說服他應該睡覺，那麼叫他聽話的困難度會減少。這種現象發生的時候，我的權力便轉型為權威。說得更漂亮些，這叫做建構起道德準則，供策略目的使用。領袖們最重要的權力，不在發號施令，而是他們位處網絡的樞紐。他們有說服的權力。[12]領袖策略性地運用道德，以形塑我們的生活，聽來很邪惡。然而狀況通常相反：這是良性過程，讓現代社會比起以往所有社會都來得好，未來還可以更棒。

但從實際來看，領袖們怎麼策略性地使用語言，而建立起責任感呢？一九四三年，嬌生（Johnson & Johnson）集團主席強森（Robert Wood Johnson）是這麼做的：他闡明公司的道德原則，直言之刻在石頭上。文字起頭寫：「吾人相信，我們的首要責任，是使用公司產品的人。」請注意一些字眼是「我們」、「我們的」，而非「我」與「我的」。這指的是公司人人都奉行信條。信條接下來排列較次要的責任，循次以降責任為：員工、當地社區，最後才是股東。嬌生信條因為動用敘事，而維繫了三個世代：假如你造訪嬌生網站，信條仍圍繞著「故事」而組織。信條有改變行為嗎？

一九八二年，嬌生遭逢災難。七人死於芝加哥，經追溯死因是毒藥被放進嬌生最暢銷的產品「泰諾」（Tylenol）的瓶子裡。接下來發生的事之精采，讓它今天在商學院依然是個案教材。公司高層還沒時間反應之前，地區分公司經理便採取行動，把所有的泰諾都由超市下架，向店家保證悉數補償。這聽來沒那麼精采，原因在事故發生以後，它已成為商業界的標準做法。但一九八二年以前，商業界並不會回收產品，它們的做法是推諉責任。嬌生的中階主管對回收這種做法有信心，是因為他們已由信條得知，自己的首要前提是對泰諾的使用者，儘管那麼做叫公司付了一億美元的代價。他們快速行動後來得到公司高層全力支持，不僅合乎道德，還證實為良好的商業行為。與外界的預測相反，嬌生很快就重拾市占率。[13]

這種明智的經濟學根基獲斯密接受，正是體認到不求互惠的利他行為，但

12 這句話不是最近說的。它是政治學家紐斯達（Richard Neustadt）於一九六〇年研究美國總統權、備受推崇的警句。

13 嬌生的信仰系統可分解為三個成分：第一、依共同的道德使命而創造出共享的認同感，依公司信條而定義為提供高品質又買得起的醫藥產品給顧客；第二、員工有互惠責任，奮力達成這個目標；第三、一個產生開明利己的因果鏈，而這種模式支撐起公司的永續，保住全公司員工的工作——誠如嬌生網站指出，該公司是極少數經百年時光仍屹立不搖的公司。筆者深深感謝約翰・凱（John Kay）提供這個範例。

只限制在救援的義務之上，它仍不足以反制自利。互惠的責任至關重大，但它們必須靠建構才完成，這一點正是歸屬感、責任及有目標的行動等敘事結合起來所要做的事項。我把它概述為一個序列：先歸屬感，再來責任，最後是有目標的行動。但序列並非僵固不變。假如一項共同行動，能導致對很多人有益的結果，它或許就能成為共享認同、共同責任的基礎。

敘事力量很強，但有局限，要看它們與現實相去多遠：領袖的言行眾所矚目，所以，他們消受不起言行不一。他們的行動，必須與敘事吻合一致：嘴巴說你我均屬「吾人」，然而你為了自己的好處卻扔下我，那麼隸屬感的敘事，就成為謊言；嘴巴說我們彼此負責，做起事卻自私得很，那麼責任的敘事，就在撒謊。嬌生公司的執行長如果在耍屬下，那麼要員工負起責任，把泰諾下架，就不會發生。相反地，他的行動堪稱表率，他甚至代表公司全體員工，獲頒美國「總統自由勳章」（Presidential Medal of Freedom）。

就如上位者可以言行不一而侵蝕信仰系統，上位者也可以策略性地形塑他們的行動，而強化信仰系統。假設你的聽眾懷疑你心口不一：嬌生公司信條說，「用戶高於利益」，但這句話只是用來叫用戶聽得開心嗎？你該怎麼化解這種疑慮？史彭斯（Michael Spence）因為用他的「信號傳遞理論」（Theory of

Signaling）解決這個問題，而贏得諾貝爾經濟學獎。顯然，光說「我是真心的」並不管用，原因在於你口是心非。你說什麼並不管用，要看你做什麼。講得更確切好了，如果你真心認為「利潤優於用戶」的目標會導致成本高到無法接受，那你得有所行動。真正管用的行動，有可能很痛苦，即便你心口如一，但你要建立信譽，那是一定要付出的代價。信號強化信仰系統的信譽，但不會叫敘事顯得多餘：信號帶來信譽，而敘事帶來精準。它們是互補的。

權力轉型成權威，對跨越大群大群的人而建立互惠，至關重要，比如人人都接受繳稅的義務。上位者並非人類靈魂的工程師，但他們可以駕馭我們的情緒。危險的領袖，是那些只仰仗執法的人；可貴的領袖，是那些使用他們大溝通家地位（網絡團體樞紐），而形塑敘事及行動。所有領袖都添加、細修敘事，而嵌合到團體的信仰系統，而偉大的領袖則建造起一整個信仰系統。

在網絡內部動用敘事而領導統御的最近範例，便是「伊斯蘭國」（ISIS）。它的上位者察覺到社群聯絡網擁有力量，可以傳遞強大的新敘事。歸屬感的敘事，讓以往認定自己是瑞典人、摩洛哥人、比利時人、突尼西亞人、澳洲人等其他很多人結合起來，進入新的認同，叫「信眾」（the Faithful）。互惠責任的敘事，經由需要同儕尊重的壓力，把他們鎖進殘酷的行為。新的敘事論點，建造起因果鏈，靠著把信眾的駭人行為，與「哈里發」的具體目標連接起來，而賦予服從的使命感。手中有著方便易得的炮彈，以及沙烏地的金錢，伊斯蘭國很快變成世界舞台的重要角色，只有靠著泰山壓頂的武力，才把它瓦解（好比對付法西斯主義）。身為信仰系統，伊斯蘭國內部團結一致，而且十分穩定；個別成員逐個來看，是那麼令人厭惡，以至於那個團體與外界產生鴻溝，反而強化了團體認同。

伊斯蘭國有謀略地使用敘事，把很多社會拖回十二世紀。我們的領袖或許能使用敘事，來達成更好的目標。

沒那麼根深柢固的責任

人類啟動現代資本主義時，遭逢這樣的道德不足：社會可以不要道德，原因在自利可以帶領我們到大眾都富裕的極樂世界。「貪婪是好事」，原因在胃口愈大，人們就會更賣力工作，如此大家都會變得更繁榮。我們由這個論點起程已走了很長的路，我們是合群生物，既不是經濟人，也不是兼愛的聖人。我們渴望尊重及歸屬感，而這兩點撐起我們的道德價值。縱觀全世界，人類都有的這種價值有六個，而沒半個是衍生自理性。關懷及自由很可能是太古便演化出來的。忠誠及尊嚴演化出來，可能是為了支撐合群而演化成準則；團體內成員會當成準則而奉行它們，內化成價值，原因在它們可以帶來歸屬感的獎勵。與此相似的是公平及尊卑兩個準則，很可能演化出來以維繫團體秩序，而獎賞是尊重。

我們的價值很重要，原因在它們規定的行動——我們的責任——總是勝過我們的物質需求。令人矚目的是：由這組數目有限的價值，我們已學懂如何衍生事實上無限制的責任，手段是藉助由敘事形塑的信仰系統，而且用傳遞信號的行動來支撐。信仰系統可以由位在人際網絡——家庭、企業及社會——樞紐的領袖有意識地建立。端賴敘事的特定內容，它們可以造出差別很大的團體行為，每種行為，最後都由我們的共同價值及共同渴望來維繫。

凡此種種，對我們社會當前面臨的抉擇，都很重要。意識形態引誘我們：人人都把道德由我們共同價值之中斬斷。每種意識形態，都推崇理性為優先，抬高一種價值壓過別種。結果便是，每種意識形態免不了要與我們的某些價值，以及價值奠基其上的心理基礎發生撞擊。假如追求意識形態包羅萬象的目標，會傷害到歸屬感，沒關係；假如追求意識形態會叫某些人覺得丟臉，有什麼打緊：所有意識形態都接受「附帶的損害」，或者「本質受損」。雖說各派意識形態同意理性至上，但哪種理性最高，它們莫衷一是。這一點保證走上意識形態之路，將會通往無解的社會衝突。意識形態更可能帶我們倒退，活在險惡、野蠻又短暫裡，而非往它們想像出來的烏托邦邁進。

民粹人士也競逐我們的心。他們以我們的價值、渴望為榮，卻貶低過去千百年來合群學到的知識，而那些知識反映在我們能務實析理、我們的制度當中。他們還無視我們有建立互惠的能力，民粹也會令我們退步。

本書提出不同道路：講道德的資本主義，它符合建設在我們價值之上的標準，而那些標準經過務實析理的淬煉，而且是社會自己繁殖出來的。前一個句子簡單得像在騙人，卻蘊含很多複雜爭議。意識形態信徒碰到「建設在我們價值上」，就縮起頭來；民粹人士遇著「經過務實析理的淬煉」，便避之唯恐不及。而「社會自己繁殖出來的」這個片語意味著什麼？我指的可不是亙古完美的烏托邦，不管是柏拉圖的共和國、馬克思派的天堂，或者「歷史的終結」的勝利論調——它們都很好笑。我用「繁殖」，指的只是社會準則本質上不應該自毀。用社會科學的行話，就是我們尋覓的是擁有地區穩定性的東西。社會定期會遇上震驚的事，有天災如氣候變化，或知性方面的，比如一種新宗教崛起。這些驚異的事可以撼動社會，叫它脫離當地的均衡，往全然不同的準則發展，但我們的準則不應因為自身衝突難以承受而崩潰。

現在我們取得一個共識，即個別行為如何由責任來形塑、它重要的原因、為何可能出錯，還有該如何矯正。我很快就把這些見解，派用到主宰我們人生的三種團體之上：家庭、企業及社會。我將指出，三種團體的領袖如何可以建設出互補責任，而重組資本主義，與共同價值的精華共事，而非反對。

我側重互惠責任，與流行的政治論述有所差別。那些論述，把道德弄得乾癟，變成主張個人權利及能從中獲得哪些東西；也歸避掉責任，轉移給政府。只是，讓一個人取得權利，其他人必須扛起責任，新責任強迫行為出現變化，新權利才能行使。新權利沒有相對應的責任，根本一場空，互惠責任確保這一點：每種新權利，都有新責任與其匹配。

權利必然包含責任，但責任不必然包含權利。父母對子女的責任，遠超過法定權利。「救援的義務」也不一定要有權利來搭配：我們對一個小孩掉進池塘會有反應，是因為孩子陷入困境，而不是她有權獲救。一個擁有許多責任的社會，比起一個僅仰賴權利的社會，會來得更慷慨、和諧。責任對於權利，就好比徵稅之於公共開支——是必然的結果。西方選舉國家大多學懂，討論公共開支之際，提供福利時必須以福利的資金來源平衡。不然，政治人物選舉期間保證加碼開支，選後開支多過稅收的部分，只能以通貨膨脹來解決。就像新責任可以類比成額外稅收，新創出的權利就好比額外開支。權利很可能言之有理，但是否如此，只能由公眾討論相應的責任，才能判定。

想由舊日的典章，強擠出新的權利，這種過程一旦剝離了公共討論的評估，那就像在印鈔票了：個人權利灑鈔票般從天而降。除非我們造出新的責任，來匹配它們，不然總得排擠掉別的東西，來彌補赤字。若是有人抱怨，為了適應新的合法權利，責任擔子太重，那些與合法權利並無對應的責任，好比互惠約定以及某些解救的職責，可能就會被侵蝕掉。

焦點放在權利有利於律師。標準而言，律師試著由某些成文文本，比如法律或條約，而推衍文本蘊含什麼權利。接著每次權利的判定，都變成前例，供是否還蘊藏其他別的權利所用。這種過程，術業有專攻的律師「發現」舊有典章蘊含新權利，會讓社會慢慢陷入分裂：這些律師「發現」的，與大多數人認為合理的道德，兩者裂隙擴大。英國最近有個瑣碎案例，有個法院判決，學校應不能再使用「父親」、「母親」這樣的詞彙，原因在這麼做會侵犯同性配偶的權利。在此，一名法官創造的新權利，用意在造福個把人等，卻摧毀千百萬其他家庭憑以扶養其子女的基本敘事。這個判決種下深遠的傷害，相較於其帶來的好處，揭露出意識形態戰勝實用主義；自私的權利主張，削弱相互尊重。

我們體察到對他人有新責任，此時我們造出來的社會更能興旺；我們忽視它們，那狀況就顛倒過來。資本社會因為忽視這種過程，已吃到苦頭，最重大的症狀便在社會信任感降低之上。社會信任未來幾十年會怎麼演變，有個領先指標，那便是它在美國年輕人當中，已然改變：今天的年輕人，就是未來的成年人，而美國的趨勢會橫掃歐洲。美國青少年的社會信任感已大跌達四成。[14]大跌的現象跨越所有社會階級，但是在窮人之間最為突出。誠如普特南（Robert Putnam）所說，這一點揭露的不是偏執升高，而是「他們生活其間的社會現實滿是惡意」。儘管現代資本主義許諾繁榮，但目前它催生出來的，是敵對情緒、羞辱及恐懼，「洛威拿」犬一般的社會。為達成大眾繁榮的許諾，我們的相互尊重感必須重建。實用主義告訴我們，這個過程必須由環境及基於證據的析理來引導。下文將進行探討。

---

14 講得特定些，調查期間是過去三十五年，他們碰到的問題是：「大多數人都可信任」，而他們贊不贊成。

第三章

講道德的國家

把道德使命與好點子連結起來的國家，曾造就奇蹟。我這一世代的人便長成於那樣的時期，由一九四五至一九七〇年。我們經歷了快速繁榮，是因國家有決心地駕馭資本主義為社會造福才有此成果。但資本主義往日不總是如此，現在也不是。

雙親成年於一九三〇年代，而我身為他們的小孩，深切了解到國家曾失敗得多慘。透過他們講的故事，我領略到國家崩潰，淪落到大規模失業的悲劇。國家以及它們反映的社會，欠缺道德使命感，沒把充分就業看待成它們的責任。它們也沒有本來可以指示它們怎麼做，而改善國家失敗的好點子。結果便是，國家管理資本主義極其不當，法西斯主義及馬克思主義兩種意識形態則在左、右兩翼等著。雖說只有在德國及義大利，其中一種意識形態真的設法取得了政權，但那已足以引發全球浩劫。拖了那麼久，國家及社會震驚於生靈塗炭的龐大廢墟，而找到使命感。在美國，小羅斯福總統承認國家有提供工作的責任——他的「新政」（New Deal）。他當選，原因在人民察覺新政合乎道德。新點子來了：凱因斯的《就業、利息與貨幣的一般理論》（*General Theory of Employment, Interest, and Money*）詳細供應道理，解決大規模失業；然而，政府一開始不願接受。雖說凱因斯的書出版於一九三六年，能逃脫大蕭條是因為戰爭重整武備提升了勞力需求，誠如克魯曼（Paul Krugman）挖苦地說，二戰是史上最大的經濟刺激配套案。戰後，凱因斯的大作被用來維持全面就業，只是一九七〇年代通膨的上升，讓它逐漸變得不足。

一九三〇年代國家誤了自己的人民，現在它們又那麼做了。當今，「資本主義」一詞挑起廣泛的輕蔑，但是這個有毒的詞彙背後，是由市場、規則及企業組成的網絡，一九四五至一九七〇年的奇蹟是它創造的，一九二九至一九三九年的悲劇也是它創造的。我這世代錯過那場悲劇，生活經歷整個奇蹟，自滿地想像：奇蹟總是會一直持續下去。當前世代已學懂，奇蹟可不會延續，新的焦慮扎根在經濟分歧；勃興的大都會及頹敗的各省城市，區域分裂一直加大。那些工作名聲好又能實現自己抱負的人，與那些做沒前途工作、甚至根本沒有工作的人，階級分裂正在加劇。

資本主義已產生這些新焦慮，一如一九三〇年代大蕭條時所為。這些因結構變化而產生的社會裂痕，需要國家來彌補。但誠如於一九三〇年代，國家及其反映的社會，向來很慢才察覺出自己有道德上的責任，要適應這些新問題，國家沒在問題剛萌生就把它掐掉，反而放任它們成長到危機的等級。國家無法比自己的人民更講道德，話雖如此，國家可以強化互惠責任，而且可以逐步說服我們接納新責任。但是，假如國家試圖強加一組價值，卻與公民的價值不同，那麼它就會喪失信任，權威消蝕。國家的道德分際，是由其社會的道德分際所設定。當前國家缺乏道德使命，反映出整個社會道德使命的下降。隨著我們的社會變得更為分裂，大家對站在分裂對面的人，變得愈發冷漠。

跟一九三〇年代一樣，缺乏使命感還因欠缺務實新思維而加劇。在本書第三部，我會試著填補新思維的空虛，提出務實手法，來縫補那些破壞力強大的裂痕。但是首先我們必須能領略國家的道德失敗，其根源在於我們社會的道德變化當中。

道德國家的崛起

道德國家的全盛期，在二戰之後開始的那二十年。在那個宏大的道德使命時代，國家造出史無前例的一系列互惠責任。這批廣大又不尋常的公民相互責任，由國家管理，由清晰的敘事「從搖籃到墳墓」、「新政」說得很傳神。由妊娠期的健保，到老人的退休金，藉著把錢存入政府經營的國家保險，人民彼此保護——也就是社群主義社會民主制度的指導道德。它跨越政治光譜的中段部位，在美國，那段時期國會兩黨合作；德國奉行「社會市場經濟」；而在英國，最具代表的「國家健保局」（National Health Service），是由自由黨在保守黨領導的執政聯盟中設計的，落實的則是工黨政府，再由多任保守黨政府維繫下去。在北美及歐洲，表象雖有政治角鬥的噪音及硝煙，但一九四五至一九七○年期間，主流政黨領袖之間的不睦來到最小。[1]

但支撐社會民主制度成功的，是一種傳承，它太明顯，以至於被視為理所當然。用二戰作為手段來逃離大蕭條，遠遠不止是無意間的景氣振興配套方案：那是廣大的共同努力，領袖在其間打造出歸屬感及相互責任的敘事。它的遺緒，就是把每個國家轉化成巨大的社區，一個擁有強烈共同認同、責任及互惠感受的社會。人們很容易便準備好遵守社會民主的敘事，而把個別行動與集體後果連接起來。二戰後的頭十年，有錢人遵守超過百分之八十的所得稅率；年輕人遵守徵兵義務；在英國，即使罪犯都含蓄地節制，如此一來，沒武力的

1　一九五○年代，當時保守黨首席思想家叫巴特勒（Rab Butler），而工黨領袖則為蓋茨克（Hugh Gaitskell），他倆實質上地位相等，於是有人發明「巴蓋主義」（Butskellism）一詞來特寫這種現象。

警方才得以存在。這樣容許政府的角色大為擴張：施政走社會民主方向。

然而，社民國度漸漸遭功利派及勞爾派的先驅取代：「道德國」（ethical state）蛻變成「父權國」（paternalist state）。這種現象原本沒什麼大不了，但前提在如果新的先驅們有體認到：除非共有認同不斷翻新，否則這種不凡的遺緒便是遞耗資產。但先驅們不僅沒那麼做，還背道而行。功利派先驅是全球主義者；勞爾派的則提倡受難者團體獨有的認同。逐漸地，社民施政的基礎瓦解了，至二〇一七年底，全西方社民政黨已遭選民揚棄，那些政黨遭遇生死危機。運用第二章已介紹的概念，我們能夠了解為何如此。

道德國家的式微：社會民主社會如何解體

社民體制的崩潰，肇因於雙重打擊：值此經濟結構變化，愈來愈把受損害的人扔在後頭，本來更加需要人類彼此的責任感，卻碰上它逐步受到侵蝕的情況。這段期間經濟成長壯觀，付出的代價是複雜程度愈來愈大。接下來，這種額外的複雜要求的是更為專精的技術，而技術則需要教育程度高的人，引發高等教育前所未見的擴張。這種龐大的結構轉變，對認同有不良影響。

為了瞧出為什麼這樣調製的現狀，有害於社會民主制度，我將描繪出一個模型。一個好的模型，始自簡化但不叫人吃驚的假設，卻提出驚人的結果。按理想，模型會把某些迄今你還沒理解，但此後似乎很明顯的事情給釐清通透。正常時，模型會以一系列等式來表述，但我試著用幾個句子來描繪我的模型。雖說相當簡單，但還是要花些耐心來領略它怎麼運作，收穫則是模型啟發甚多。它始自一些心理學，再添加幾許經濟學。

在此談的心理學已剝掉很多文飾，但比起怪誕的理智經濟男人病理學，顯然沒那麼粗鄙。那種男人在石器時代已經死絕，（誠如我們所見）遭理智合群女人（rational social woman）所取代，另外我援引「身分經濟學」（Identity Economics）的洞見（這個學域的先驅是阿克洛夫及克蘭頓），來談「她」會怎麼做。假設我們都有兩種客觀身分：工作及國籍。身分是尊敬的來源，而那兩種身分都會產生某些敬意。為了標明每種產生多少，假設對你工作所反射的敬意，是與工作相關的收入，還有，假設對國籍的敬意反射的是國家地位。現在再加一種選擇：突出（salience）。雖說這兩種客觀身分工作及國籍，都不在我們掌控的範圍內，但我們可以選擇將其中一種的重要性提高。我選擇而加以突出的身分，會提高它影響我的敬意。把它想像為一張牌，不管哪種身分，我把牌放上去，就可讓它產出來的敬意加倍。打出突出牌還有進一步效應：它把我們分進兩個新團體，一些人看重他們的工作，還有另些人看重他們的國籍。在選擇要讓哪種身分更突出時，我也在選擇要隸屬哪個團體。我由加入這團體而得到的敬意，要看團體有多少敬意而定。

把這一點湊合起來，每個人都取得四份敬意。有些來自我們的工作，有些來自我們的國籍；另外有一份來自我們讓兩種之一（不管哪種）顯得突出；最後一份來自歸屬於該團體，而團體好比我們，選擇讓那種身分突出。為了讓最後一份敬意顯得特定，我們假設它只是團體每一成員取自另三份而平均的敬意。那麼，我們如何決定，要讓哪種身分突出？[2]這正是我們需要經濟學的地方：我們設想的理智合群女人，由敬意得到實惠，而她把實惠放到最大：我們說「理智」，指的正是這一點。我們已準備就緒，要把這個小模型，套到二戰後的社會史。

二戰接下來的日子裡，工資不平均的情形很輕微，而國家地位崇高，所以甚至拿最高薪的工人，都選擇突出自己的國籍，把得自敬意的實惠放到最大，而非工作。假如我們彙總那四份敬意，會發現結果橫跨整個社會分配得相當平均。人人都由自己的國家身分取得相同敬意，因為他們都叫國籍突出，他們都得到相同的加倍敬意；因為人人都選擇突出相同身分，他們都由自己的身分突出團體，取得相同的敬意。因此，敬意唯一的差別，乃源自輕微的工資差異。

現在，請留意這種快樂的結果分崩離析。隨著時間下來，分工愈來愈複雜，更多人得到良好教育、與教育匹配的工作，以及相應他們生產力提高而優渥的薪水。在某個時間點，技術最高的人更換他們的突出點，由國籍轉到技術，原因在那樣子把他們的敬意放到最大。

這種現象發生時，最後一份的敬意，也就是跟其他很多人一樣，選擇相同突出身分而衍生的敬意，開始分歧。那些選擇工作為他們突出身分的人，由於加入相同突出的團體，收穫更多；相反地，那些堅守國籍為突出點的人，就敬意而言輸了。[3]這項分歧本身促使更多人轉換他們的突出點，由國家改成工作。則最終將會如何？

似乎到最後人人都很有可能改換他們的突出點抉擇。但更可能的另種選

2 當然，我們也得決定如何適應我們的「想要」，但我們在此可以避不談它。

3 這一點倒不是因為以國家為榮式微了，而是因為隸屬於以國籍為突出點團體，鑑於以技術為突出點的人出走，此時變得沒那麼光彩。

項，是那些做技術水準較低工作的人，繼續突顯他們的國籍。當我們把這種結局，與社會起始點相比較時，高技術的人已經由他們的國籍抽離了，功利派先驅位居他們當中。這樣抽離的結果，便是他們比起最初的時候，要取得更多敬意。相形之下，技術沒那麼高、繼續突出他們國籍的人，喪失尊重。因為最受敬重的人抽離了，隸屬於突出國籍的團體，收穫的敬重減少。

這個模型跟其他的一樣，極其簡化。但是它的確有助於我們解釋我們的社會為何、如何解體，而不至於陷溺於瑣事的泥淖裡。大家從頭到尾，只想把自己的敬重放到最大，但由於經濟體結構的改變，裂隙擴大，有技術的人把側重的身分，改換到他們的工作之上。渥爾芙（Alison Wolf）訪談時任《紐約時報》外國新聞部主編切拉（Susan Chira）的時候，取得完美說法。切拉女士跟她講，「工作很充實，與身分交織很緊」。與此同時，教育較低的人工作方面沒那麼值得熱情，繼續堅守他們的國籍，但開始覺得被邊緣化。

因為自鳴得意的高技術人士比被邊緣化的人，得到更多的尊重，所以他們想做的，便是明白向他人表示，他們真的把自己的技術當成突出身分。我們可以使用史彭斯「信號傳遞理論」裡的一個洞見，來得知他們可能怎麼做。為了令人信服的顯示，我已選擇丟棄國家作為我的突出身分，我得做一件本不打算做的事：我得揶揄國家。這一點有助於解釋何以社會菁英人士那麼常主動貶低自己國家——他們在追求尊重，這件事斷然地讓他們與社會較低階人士分離開來。因為退出共有的國家身分，被他們拋在身後的人取得的敬意便減少了，所以，若是他們造出憎恨，就無足為奇了。我希望這一點聽來有幾許耳熟。

學歷高、有技術的新階級含括左派、右派人士。此間的右派擁抱自由至上派的自由意識形態，而由個人才能來獲利；此間的左派奉行功利主義或勞爾派的權利論。後者不僅丟棄自己的國家認同，還鼓勵別人也這麼做。有些特徵、被視為夠格取得受害人身分的人，則被鼓勵要擁抱那個特徵，當成他們的突出身分。

由喪失共有認同而生的惡果

共有認同的解體，對社會如何運作有惡劣的影響。隨著認同兩極化，變成技術對國籍，人們對位居社會頂層人物的信任開始崩塌。這是怎麼發生的？

請回想第二章的主旨。幫助他人的意願，是由三種敘事結合而衍生的：對一個團體共有歸屬感、團體內有互惠的責任、行動與團體福祉間有連結，顯示它是有使命感的。結果便是：假如共有的認同解體了，就會削弱幸運兒承擔責任的意願，不想幫助沒那麼幸運的人。

大方慷慨的基礎，大致便在互惠之上。我們能由「兼愛心」及「救援的義務」組合的微弱力量，躍升到遠為強大的互惠動力，正因邁出這一大步，促使富人遵守很高的稅率。但互惠現在面臨協調的麻煩。假如你接受責任是互惠的，那麼我願意接受我對你有責任，但我怎麼知道你是否接受了這種責任？我們若是呼籲大家遵守這些責任，如何信任彼此都會那麼做？

我們由實驗社會心理學得知，答案在我們要有共同知識。我們人人都得知道，其他人知道我們接受這種責任，「我們知道我們知道，我們知道」不斷地迴響過來。一個有網絡的團體裡，歸屬感、責任及使命等共有敘事逐漸建立起來的，正是這種東西。共同歸屬宣稱的界限，明定互惠的局限，而且，我們曉得彼此都聽過敘事、感受到共同知識的界限，更強化了這一點。因為敘事主要是以語言來表達的，那麼團體的大小，有個天然上限，難以超越——它便是共用的語言。但是，相應的下限就沒有了，同一個語言群體裡，認同可以變得極為支離破碎。共有認同的裂痕，會弱化兩樣東西，首先是互惠明確適用的團體，第二則是跨越有別的團體，互惠責任實際上有多可行。

我們的社會已兩極化，這一點沒有太多疑慮，一群人賺到高於平均的收入，他們拋棄國家認同，改挺他們的工作；第二群人則位在社會較低層，仍堅守國家認同。歷經川普、英國脫歐及勒朋之後，兩個團體都意識到極化，這一點也不必懷疑了。

迄今局面如下：人群裡有技術、學歷高的那部分人，傾向捨棄國籍為核心認同，扔下較不幸運的人還緊守式微中的國籍。接下來，這種現象將導致全社會共有認同變弱，也讓幸運兒對較弱勢者的責任感變淡，循此斲傷一九四五年之後建立的敘事，也就是闊綽的人應該願意付較高的重分配稅，來協助窮人。這一點，至少與一九七〇年以後，最頂級稅率大幅降低相符一致。

現在我們準備更進一步指出：沒那麼幸運的那部分人察覺到，幸運兒們的責任感減弱。畢竟，想裝沒看見真的很難，而這對較窮苦的那部分人來說很重要。狀況是這樣：這種現象會影響到尋常人對「比他們過得好的人」的信任程度嗎？光提出問題，答案就很明顯了：信任的確降低。假如高學歷的人，自視為有別於學歷較低的人，而且對他們的責任減少，那麼學歷較低的人還繼續信任高學歷的人，一如當初大家知道人人的突出身分都一樣的那時候，就是傻瓜了。我們相信他人，要看我們是否有信心，能預測他們會怎麼做。若是我們能穩穩使用「心靈理論」（theory of mind）的技巧，預測較有信心：我預測你的行動，方法是想像我在你的處境會怎麼做。但是這種技巧的可靠範圍，只有在我有信心我們擁有一樣的信仰系統的狀況之下。假如我們擁有的信仰系統極其不同，我就無法設身處地，原因在我並沒立足在那個形塑你行為的心靈世界裡。我無法信任你。

功利派的先驅甚至開發一套理論，預測信任的下跌，提出預防之道。劍橋大學道德哲學教授兼邊沁的熱忱信徒西季威克（Henry Sidgwick）主張，解方在治國的先驅要把自己真正目的藏起來，不讓其他人民知道。信任的下跌應可用欺騙來防治。[4]當然，一九七〇年代以來，因為先驅動用公共政策想解決新分裂的做法顯然失敗，信任的劇烈下降更為惡化。只是，依西季威克荒唐、自暴其短的提議所暗示，這個問題的根苗，其實遠比先驅治國失敗還來得深。

社會民主制度的瓦解，還不止於信任劇降。下一步則是信任的劇跌傷害到合作能力。在一個複雜的社會，層層疊疊的人際關係全仰賴信任；因此，隨著信任崩潰，合作就開始裂解。人們開始更仰仗法律機制，來執行善良舉止（這對律師是福音，但對其他人不見得如此）。因為有技術那部分的人不再與他人共有突出認同，對同胞的責任感變弱，行為就更投機取巧。有技術的人甚至把其他人看成「傀儡」，用自己技術剝削笨蛋為樂。由金融企業較高層人士被踢爆的電子郵件顯示，他們流行的感受似乎正是如此。誠如史迪格里茲（Joseph Stiglitz）生花妙筆所寫，金融海嘯發作前幾年，華爾街的經商模式就是「去找弱智」。這一點顯然放大社會愈來愈不公平的基本結構經濟力量。

為什麼我們對共有國家認同感到猶疑

可想而知，人們對突出國家認同感到猶疑：民族主義曾導致好些最駭人的事。一切認同，都含蓄地定義有排外的特徵，但假如排外的特徵一點也不含蓄，而是公然又帶敵意，那麼認同就變得有毒了：「吾人」經界定為「非彼等」，而「彼等」則變成仇恨的目標——我們咒他們遭殃。這樣的認同帶來對抗。某些場合當中，認同的對抗事實上很健全，例如運動團隊對敵手有清晰概念，可以強化表現；很多企業也一樣。如此的競爭對全體都有好處，刺激人們

4　劍橋大學接下來有位教授威廉士（Bernard Williams）把這個提議，交給尖刻的批評家，把它稱為「政府屋」（Government House）派功利主義。

更為努力——它也是資本主義被低估的益處之一。但鑑諸歷史，破壞力最大的認同對抗，向來是大團體認同，比如族裔、宗教及國籍。它們導致大屠殺、聖戰及世界大戰。

曾受苦於這類認同抗性的社會，很少能超越日耳曼。十七世紀天主教徒與新教徒之間的「三十年戰爭」（Thirty Years War），叫原本富庶的社會徹底殘破。戰爭最後透過《西發里亞和約》（Peace of Westphalia）而解決，和約本質上便是把突顯的認同，由宗教改換成國籍。它的確恢復了和平，但最後把日耳曼導引到國族社會主義、大屠殺猶太人、世界大戰及敗北的地獄。大多數德國人今天想要更大的認同，如此熱衷於當歐洲人，實無足為奇。

但歐洲不是一種政體能嵌合進去的陸塊。誠如我們已知，假如政治權力的單位恰好有共同的認同，政體比較能運作。假如政權單位沒有，那麼要不是認同必須調整配合權力，就是權力必須調整，配合認同。所有現代社會裡，政府仰賴威逼的程度很低，而自願遵循的程度很高。自願遵循引領我們回到責任感，把權力轉化為權威。沒有那種責任感，權力面臨的選項就只有三種：第一便是用強力手段逼人民服從——可以稱為北韓選項；第二種便是試著用第一種，但挑起反動、有組織的暴力，反抗政府——可以稱為敘利亞選項；第三種是政權承認自己的局限，退回去演戲：政權發號施令，而自己都曉得會被無視，而那些聽到命令的，找到一些不太冒犯又能避不從命的方法。歐盟執委會試著要盟國遵守它設定的財政自律目標，碰到的經驗正是如此；只有芬蘭從未破壞目標。

住現代富裕社會的人成長時，權力已經轉型為權威，因此視其為理所當然。而我一生則在一些仍費力想轉型的社會裡工作，最後了解到轉型很珍貴、有挑戰、可能不穩固。想把歐洲建設為一個政體，端賴建設出一個大型新認同，但這項志業極其困難。在這麼大的規模上，想共同努力，實難以組織，而且認同與責任的敘事載具——語言——本身又高度殊異：歐洲並沒有共同語言。[5]想把權威轉移給一個沒什麼認同的實體，有可能把權力由權威剝離，開啟破碎化之途，先變成區域認同，再崩潰成個人主義：經濟人的地獄。

5　歐洲學校（European School）本來被期望能建立起歐洲新認同，至少在菁英學生當中。但新研究指出，學生們深受一種意識形態影響，認為歐洲認同等義於自由派世界主義，以至於他們最後想，凡是不贊成的都不是正常歐洲人。這樣子非但遠不能建立起共有認同，反而又是一個步驟，讓菁英與他們自己社會的認同分道揚鑣。

的確，很多人現在非但沒在建設更大的認同，反而退縮到較小的認同。加泰隆尼亞人（Catalan）五百年來，既是西班牙人又是加泰隆尼亞人，很多人現在想退回去，只當加泰隆尼亞人。既是英國人又是蘇格蘭人三百多年後，現在很多蘇格蘭人想退回去只當蘇格蘭人——偏愛較小的「我等」，勝過更大的「吾人」。一百五十多年來，「北方聯盟」（Northern League）成為義大利人，現在則想退回去當「北方人」。當了五十多年的南斯拉夫人之後，斯洛維尼亞（Sloven）人真的達成裂國而治的夢想；對其他南斯拉夫人而言，其後果實為大災難。我寫本書之際，加泰隆尼亞人還鼓勵巴西南部區域尋求建國。還有，最令人震驚的是：比亞法拉（Biafra）共和國捲土重來。那股分離運動五十年前導致奈及利亞內戰，殺人無數，現又蠢蠢欲動。這些乍看無關的分離運動，有個共同點：它們都是有錢區域，打算擺脫對全國其他地方的責任。加泰隆尼亞於西班牙十七區中最為富庶，而拒絕繳稅給較窮地區。蘇格蘭民族黨（Scottish Nationalist Party）的競選口號，向來說「石油是蘇格蘭的」（這一點罔顧事實，石油確切所在地點，是距離很遠的北海）。義大利北部是該國最富地帶，分離主義者的敘事論點，憤恨地指出中央把預算轉給較窮地區。猜猜看，南斯拉夫哪個地區最富裕？巴西哪三地區最闊綽？而石油在奈及利亞哪個地方？這些政治運動裝模作樣的自決權敘事背後，更深一層揭露的是社民國家的解體，憎恨跨越龐大共有認同而建立的互惠責任。它們跟資本主義一樣，根本是貪婪與自私的表述詞。它們能不受批評，只證明公關做得好，而非目標崇高。

我們需要大型的共有認同，但民族主義並非建立認同之道。相反地，民族主義正遭政治民粹人士使用，透過敘事來仇恨也住在同一國家的其他人，以建立支持基礎。它的整個戰略，靠的是製造裂痕，與社會其他部分拆開，而建立起某一部分的內部凝聚力。如此導致的對立認同，對慷慨、信任及合作，真是要命。這也正是高學歷的人拒絕的東西，而他們那麼做是正確的。只是，目前他們也沒提供任何共有認同的代替基礎。事實上，高學歷者揚言說，他們不再認同教育較低的公民同胞。不僅如此，他們動用功利派的原則，對待教育較低的公民同胞及外國人時，並無區分。因為強大、互惠的責任，只隨共有認同而起，所以此中的含意是，他們對非菁英公民同胞所負的責任，並不大於住在其他地方的外國人。

新的研究成果讓我們瞧見這種腐蝕過程正在進行。在英國，目前媒體推定：年輕人對社區裡的窮人，比起對父母，傾向於更慷慨。二〇一七年一項大型隨機調查，人們應詢回答兩個對立的主張，第一個是「人們繳稅的義務，比起個人的財富更重要」；同時並列的主張是「人因為能保留更多自己所得，而更努力工作」。結果與媒體迷思大相逕庭——但與共有認同是遞耗資產理論完全相符——三十五歲以上年齡層支持繳稅義務，相形十八至三十四歲則更傾向保留自己所得的這種個人主義道德。

隨著服從心遭侵蝕，權利變得無法做到，而對政府的信任就下降，這種猛烈趨勢正橫掃西方各社會。事實上，責任結構發生轉變，由社會中的互惠變成不互惠的全球責任，或說成由國家公民變成「世界公民」，可以意味著三種極其不同的事情之一。或許你可以捫心自問哪種適用於自己。

有一種可能便是你對較窮苦人的慷慨程度，不亞於對一九四五至一九七〇年那世代（他們依據共有國家認同的設想，建立起你的國稅制度），只是現在你想界定的貧窮，是由全球而非國家來看。這麼做有劇烈的含意。平均而言，縱觀先進現代經濟體，大約四成的收入由徵稅取走，以五花八門的形式重新分配，比如直接轉移給較窮苦人、社會開支，這兩種做法嘉惠較窮苦人比例更大，而錢花在基礎設施，幾乎人人受惠。因此，你依然對四成全國收入以收稅取走而感到高興，但此時你要求將錢分配給全球，而非國內：你瞧不出自己對國人同胞的責任，有什麼與眾不同。鑑於全球貧富不均，這種做法會導致援助窮國的金流大增；那四成以繳稅取走的收入，偌大部分被送去給窮國。稅款這樣重新導向，供應給全球窮人，有個必然後果，那便是國內窮人日子悽慘得多。你可能會駁斥說，這在道德上無關緊要，國內窮人的匱乏，比起目前你碰到的外國窮人，要輕微許多；但他們就大有理由提高警覺了。

第二種可能是：你依然對國內同胞很慷慨，程度不亞於以前的世代，但目前打算把相同程度的慷慨擴展到全球去。今天，這樣做的含意遠為劇烈：課稅要大幅增加。有技術專長的人，稅後收入必須減少很多才能維持慷慨：既給國內同胞，又把相同的贈予擴大給全球人類。這不是單一國家能辦得到的事，因為它國內的高技能人士可能會移民，任由自己較窮的同胞過苦日子。這種政策有善心沒腦筋。

第三種可能，是你改變自己突出的認同，真正的用意並非你對全人類的責任感已然大增，而是對同胞的責任感減少。這種狀況，你就是快樂地不想負責。稅金可以減少，原因在束手束腳的「應該」、嘮叨著叫你要慷慨的東西，已經壓下來不作聲了——「你賺到的就留下來」，你較窮的同胞們日子會苦得多。這種政策沒善心有腦筋。

高學歷人士對國家認同的輕蔑，還搶占道德制高點：「我們」關懷世人，「爾等」實在鄙吝。但這樣聲稱道德更高，真的理直氣壯嗎？一個世代過去了，想想看，新的「世界公民」認同已然深植人心，由公共政策全面反映這一點足以看得出來，依國家認同而設的課稅政策已被取代。前邊提到的「世界公民」三種詮釋，哪種似乎最可能流行？我想應該是第一種與第三種之間取得某種妥協：對全球窮人的慷慨有點增加，卻因對國內窮人的慷慨大幅削減而抵銷，甚至相形不足。

棘手難題

現代富裕社會目前遭逢一個棘手難題。有個強大事實：公共政策領域免不了與空間有關。授權給公共政策的政治過程與空間有關：全國及地方選舉產生的代議士具備的，是代表某塊土地的威信。而政策本身最後也得運用在空間：教育及健保都有責任服務區；基礎建設因地制宜；課稅及福利也逐地而異。我們無法擺脫這個事實：我們的政體有空間屬性。沒錯，政體目前主要是國家，但我們的認同，以及支撐認同的社會網絡，則愈來愈非如此。

一九四五至一九七〇年的社民時代植基在特殊的歷史上，它把我們的社群感擴大成欣然接納整個國家。我們的空間認同及社會網絡已然凋萎，其起因是技術高下的分裂，而技術的差別則是複雜程度愈來愈高的產物。目前我們的共有空間認同，開始經歷更強一波的衝擊，原因在智慧手機與社群媒體大行其道，而導致行為改變。智慧手機是個人主義的極致——自拍而任意貼給「朋友們」，指望吸引可觀的點讚量。我們瞧得出實際的空間社區正在凋萎，而且，沒錯，我們安之若素。我們在公共空間如咖啡館及列車上，周遭有人，近在咫尺，但我們盯著手機螢幕，他們就變成隱形人。空間透過公共政策把我們綁在一起，但不再以合群方式來綑綁。它正受到兩種東西攻擊：首先是數位迴聲室的社群，再來是更為激進的事，人們抽身，面對面互動愈形減少，而陷入焦慮自戀的孤立。我預測，除非我們的政體及聯繫兩者間的分流能扭轉過來，我們的社會將會惡化，變得沒那麼慷慨、沒那麼信任、較少合作。這些趨勢已在進行。

原則上，我們可以改造我們的政體，變成與空間無關。可想而知，某些矽谷科技狂想到這樣的未來就眼睛閃閃發光：自由進出的政體，而且人人不管自己湊巧住在哪兒，都隨心所欲地選擇；人人都能自有貨幣——也就是自有比特幣；大家能自訂繳多少稅、享受多少福利、健保；現在已有不少方案，想銷售不在任何國家司法轄區的島嶼。聽來很誘人嗎？如果誘人的話，那麼試想可能會發生什麼。有錢人很可能選擇進入那些人為的政體，享受它們提供的低稅率。億萬富豪們已經那麼做了，讓他們公司的法定地點，與公司賺取營收的地方脫鉤，而富豪們自己住到摩納哥。反過來，病人可以選入有很慷慨健保的政體，而政體則可以在它們負債周轉不過來時，輕鬆地違約不還。

不拘於空間的政體只是作夢，所以，唯一真實的選項便是重振空間的凝結感。很不幸，鑑於對大多數政體而言，最實際的單體便是國家，我們需要的便是共有的國家認同感。只是我們也曉得，國家認同可以帶有毒素。要塑造凝結力，足以撐持管用的政體，然而又不危險，這有可能嗎？這便是社會科學必須因應的中心問題。怎麼解答，關係到我們社會的未來。

國族主義者，已經快要把國家認同俘虜成他們自己的知識財產了。的確，他們貌似認為，他們屬於連綿不絕的國家認同傳統，可他們不是。很多社會裡，傳統的國家認同，是真純地包容社會的每個人。一戰爆發時，有位住在英倫的奧地利猶太人維根斯坦（Wittgenstein）就察覺到，自己明確的義務在返回奧地利，替國家作戰。相形這種傳統形式的國族主義，新國族主義人士打算用族裔或宗教的標竿，來界定國家認同。這種國族主義的變體是相形晚近的事，奉法西斯為祖宗，而且，這種新的國家認同定義，會排除也住在社會裡幾百萬的公民。這些新國族主義者不僅露骨地打算把社會分裂成「我們」跟「他們」，甚至在他們自己定義的「我們」當中，引發進一步分裂，原因是很多人被他們激怒。他們的崛起苦澀地分割了社會，勒朋並未團結法國，而是以二比一反對她的比例分裂國家；川普讓美國社會兩極化到對半分開。因此，這樣的國族主義對於恢復流失、讓它取得動能的共有認同，不是可行手段；相反地，它還會摧毀共有認同任何未來的機會。接下來，這種現象還會斲傷共有認同促進的信任及合作、互敬及慷慨。

另一個團體、高學歷的「世界公民」則正揚棄他們的國家認同。他們耽溺於釋放自己社會地位優越之樂，同時還自我催眠，說這種自私行為是提升道德。赤裸裸講出結論好了，這兩群新貴公民團體，都威脅著削弱當初付出龐大代價建設的共有認同。

我們要找條路突破這個棘手難題。用維根斯坦的強烈意象，說明人們陷入混淆的思想當中，我們必須讓惡鬼由結界放飛出來一下。

愛國主義先登場。

歸屬感、土地及愛國主義

一個社會要以一種讓人人都繁榮的方式運作，必須要有強大共有認同感。中肯的課題，不在這一點屬實與否；否認社會凝聚力的人，就跟否認氣候變化的人一樣蠢。它由丹麥、挪威、冰島及芬蘭的成功就可得知，它們是世上最快樂的國家；還有不丹，亞洲最快樂國家。但是，很不幸，這五個國家營造社會凝聚的策略，世上其他大多數國家皆無法運用。它們依獨特的共同文化來營造共有認同，我很懷疑，那種文化的確切內容是否格外重要。畢竟，丹麥人的「悠然」（Hygge），與佛教寺院可沒共通之處。但大多數社會，要不是文化永遠太紛歧，無法讓文化成為可行方案，就是目前已變得太繁太亂。與其悲歎我們社會的這種面向，我們必須做的，是制定一種可行策略，重建共有認同，又與現代性（modernity）能相容。

過去成功建造跨全國共有認同的方法，今天已不再管用。史前的英倫，共有認同或許是由共同投入龐大的事業巨石陣（Stonehenge）而建造起來，「一項團結的事功，反映單一島嶼文化的願景」。十四世紀的英格蘭，共有認同是透過與法蘭西交戰建立的，讓有著根本差異的民族結合起來；盎格魯撒克遜人（Anglo-Saxons），他們的領袖被諾曼人（Normans）屠殺了；維京人（Vikings），他們屠殺盎格魯撒克遜人；還有布列頓人（Britons），他們的文化因盎格魯撒克遜人的占領而只剩外殼，此時都變成諾曼人。縱觀整個十九世紀的歐洲，共有認同建立在種族純潔的迷思上；而在二十世紀中葉，它是靠戰爭建立的，經由文化習性而維繫。美國人有棒球、英國人有下午茶、德國人有豬腳啤酒，隨著我們的社會變得文化多而交雜，即使棒球、下午茶及豬腳啤酒，其區分也在淡化之中：這些手法，沒半個能讓我們取得強大的策略來營造認同。

有個聽來吸引人的策略，那便是依共有價值來建設共有認同。這個手法很流行，原因在人人相信自己的價值，而且假設那些價值便是對的，依此可以建立共有認同。問題在任何現代社會裡，都可以找到範圍很廣、歧異到咋舌的價值，這是現代性很明確的特色之一。假如我們想找共有價值，最後可能落到很排外的地步：「假如你跟我們價值不同，就滾吧。」川普與桑德斯（Bernie Sanders）都是美國人，但我敢打包票，除了叫美國與其他國家有所分別這一點，你找不到任何他倆都奉持的共有價值。相同的挑戰，可以重複用在大多數西方社會——政治領袖代換得當就行。一個社會裡，人人都堅持的價值為數之少，以至於它們無法把一個特定國家與其他很多國家區分開來，因此也無法界定出可行的範圍，讓互惠責任在裡頭建立起來。

隨著國族認同退流行，價值認同已強化，結果慘不忍睹。這一點還因你愈來愈容易把合群互動局限在志同道合的人之間而更形惡化——也就是「迴聲室」現象。這些以價值為本的迴聲室，非但不是凝聚社會之道，反而在撕裂西方社會。今天在以價值為本的網絡裡，污辱、誹謗及暴力威脅（簡言之就是仇恨）等級之高，只怕要超越種族及宗教的惡行。

那麼，假如價值作為共有認同的標竿，會撞到跟族裔及宗教同樣的石頭，那還有別的東西嗎？我們反倒應該試著行使「世界公民」們的目標，解散國家，把政治權力轉移到聯合國嗎？事實上，誠如聯合國這個名稱所暗示，該組織預設國家才是組建政治權威的基本要素，而非個人。理由很明顯：大多數社會裡，國家才是共有認同最大、有效、可行的實體。假設把政治權力依全球水平集中起來，人們不見得會心甘情願遵守聯合國的決定：權力不會轉變成權威，世界政府最後會變成近似全球版的索馬利亞。

可行又包容的認同，其答案其實灼灼在目。它就是「土地歸屬感」。舉個例子，為什麼我自認為約克郡人？沒錯，我愛此間的價值，坦白且無一絲做作。但事實並非如此。最近我與沃爾希女男爵（Baroness Sayeeda Warsi）參加廣播早餐節目，她是第一位當上英國部長的穆斯林女性。那是我們第一次見面，而廣播聊天秀，主題要我們都談各自新出版的書，不算很自然的結識場合。然而我很快就覺得跟她為伍很自在：她成長於布拉福鎮（Bradford），講話帶著很漂亮的當地口音，而我成長時也用那種腔調，只是在牛津待了五十年，鄉音已改而已。所以，我懷疑自己跟她在一起的自在程度，要比她對我的感覺來得強。可是，基本上我們共有相同的土地歸屬感，帶著當地特有的腔調及用語，我注意到我倆都要英國廣播公司給的茶用「抹茶」，而非「烹茶」。

我們可以把諸如此類的軼事，設定到相當泛論的框架裡。人們有基本的歸屬需求，而歸屬的關鍵層面是「什麼人」及「哪個地方」。兩者在兒時就設定好，而且通常會持續一輩子。我們回答「什麼人」時，答案是認同某個團體——這正是《身分經濟學》迄今著重的東西；我們回答「哪個地方」時，則是認同某個身為「家鄉」的地方。你自問「家鄉」指的是什麼，對大多數人而言，它指的是他們成長的地方。

對現代性而言，最可行、能上手的國籍概念，便是把人們用歸屬於相同土地綁起來。土地層層疊疊如洋蔥，內核是我們家鄉，但我們把很多認同，投射在家鄉所在的區域或城市。與此類似的是，城市的意義很多來自國家，而且在歐洲，某些歸屬感還擴大到歐盟。一個標準的國家，全人口看來很分歧，而且看重的價值也分歧，但他們都有共同的家鄉地點。這樣夠了嗎？

有個可以期待的理由，在以地方為本的認同，是演化深深扎進我們心中的特點之一。它可不是相形較晚近、由語文添加而較淺的價值。以地為本的認同不僅根深柢固，還力量強大。戰爭研究有個標準概念，就是攻方相對守方要有多大比例，攻方才能獲勝。顯然這個比例有受到軍事科技的影響，但一般而言，縱觀人類戰爭史，守方作戰要比攻方更賣力，所以攻方要勝，比例要到三比一。令人稱奇的是：這個比例跨越多個物種都相同。在演化的大樹追溯這些物種時，會發現領土意識大約在過去四百萬年間強化了。保衛領土的本能，其根源很深，人類與家園意識是綁在一起的。

因此，由我們「激情」的基因傳承來看，我們的土地歸屬感很強。但，誠如我們在第二章所見，敘事衍生的淺扎根價值也很重要。敘事會幫忙記憶，讓我們在解讀所居土地時，不只以有如一瞬間快照的當前模樣，而是好比演化：我們對自己城市當前模樣的依戀，會因為了解它歷經多重變化而變成今天的樣子，所以更為加深。這些記憶對全體成長於那個城市的人，是共同知識，會強化我們的共同認同。

然而，幾十年來，主流政治人物有意識地避開歸屬感敘事。他們甚至主動詆毀它們。政治人物位居全國社交網絡的樞紐，所以是我們的溝通總司令。藉著主動削弱共有的歸屬感，他們加速互惠責任的敗壞，而我們的福祉是繫於那些責任上的。他們的道德敘事絕大多數用功利派或勞爾派來取代，而且他們自視位居父權國家的頂點。歸屬你的國家的敘事，理所當然就留給國族主義者去做，而他們劫奪這些敘事，是想遂行自己分裂社會的待辦事項，過程中，講道德的國家便枯萎了。

二〇一七年，法國總統馬克宏打破這種漠視。他率先使用一種語彙來區分兩種形式的全國認同：國族主義及愛國心；他自述為愛國者，但不是國族人士。愛國心的敘事，界定為隸屬於共同領土，既可用來從國族人士奪回隸屬感，又可以把它回歸成人民認同的重心。一項對英國人民的新調查進一步佐證這個策略有效可行，調查測量「愛國心」這個詞彙在全民會聯想到的事，比對物是很多其他政治概念。結果令人很振奮：與「愛國心」聯想在一起的前四名是「吸引人」、「振奮」、「讓人滿意」及「怦然心動」。在這方面，它與調查中一切測量的意識形態出現差別，最顯眼的是「愛國心」跨越各年齡群體，都得到正面反應；另外，對於此外則喧譁紛歧於各種政治、社會偏好的人群，也是一樣。

另外，愛國心與國族主義差別很大的一點，在國家對待別國的方式。國族主義者使用的論述，是吹噓說把自己的國家放在「優先」，把國際關係描繪成零和遊戲，在其間贏家是最剛硬的那一國。以馬克宏總統為例的愛國心，則是提倡合作造福彼此的論述。他的態度相當明顯，尋求建構新的互惠投入：經濟事務方面在歐洲範圍內；沙黑爾（Sahel）地區的安全則在北約組織（NATO）架構內；氣候變遷則要全球努力。然而，馬克宏致力於有益法國之事。有家義大利公司想買下法國最重要的造船廠時，他進行干涉，確保法國的利益得到保護：他可不是功利派。但最重要的則是：愛國心與國族主義很大的差別，在不好侵略。

跟所有敘事一樣，假如言行不一，那麼共有的地方歸屬感敘事也會失去信用。位在洋蔥核心的是家鄉，假如我們與家鄉的情感很淡，那麼外層也會變虛。年輕人歸屬感正在流失有個理由，那便是買房子變得遠為困難。人口裡自用住宅擁有權的比例，是歸屬感內核的實際指標，讓自用住宅擁有權恢復健全，需要聰明的公共政策，下文我們將會提到。

雖說地方是共有隸屬感的心理基石，但它還可以用有目標的行動來增益。國家是很多公共政策的自然單位，因此，共同目標支撐那些提升我們彼此福祉的行動，我們共有的認同便會追隨而至。有目標行動的敘事，藉著接受共有認同而界定好互惠領域，可以闡明我們履行對彼此的責任，如何可以逐步地改善我們全體的生活。要傾聽政治人物談論有目標行動時在說些什麼，把他們的敘事分門別類，有些是建設共有認同，另些則在搞削弱。顯然在戰爭期間，有目標行動的敘事絕大多數都暗示要造福彼此，因此強化共有認同，一九四五至一九七〇年那段奇蹟時代，公共敘事主要都屬這種形態。目前呢，我們的政治人物漫不經心地拋出一些有目標行動的敘事，卻在提供理論基礎，叫大家認為自己的利益與他人的針鋒相對。他們積極鼓勵人們形成對立的認同，而如此的認同有害於合群。利益衝突的敘事，每一則單獨來看時或許沒錯，然而累積起來，它們的腐蝕性變得極強，導致集體福祉惡化。

政治人物從頭到尾都是溝通者。一個社會文化多元、價值多元，那麼建立共有認同對彼此的福祉就很有必要，但很艱鉅；它是領導層的主要職責。政治人物避而不談共有認同，不管是土地或目標，那麼就在無意間加重腐蝕效應，叫父權國家喪失履行責任的能耐。幸運的是，未來還很長，可以改善。

第四章
講道德的企業

我年輕時，全英國最受敬重的公司是「帝國化工集團」（Imperial Chemical Industries）。集團結合科學創新及規模，創造出崇高地位，能替該集團工作是引以為榮的事。這一點由它的營運宗旨反映出來，「公司目標在成為世上最好的化學公司」。然而在一九九〇年代，帝國化工改變了營運宗旨，變成「公司目標在把股東價值放到最大」。怎麼會這樣呢？還有這件事為什麼很重要？

企業位處資本主義核心。資本主義目前飽受輕蔑——說它貪婪、自私、腐敗——大致是因為企業行為變得惡劣。經濟學家並沒出力幫忙。諾貝爾經濟學獎得主傅利曼（Milton Friedman）還激烈地火上添油，他首次在一九七〇年《紐約時報》上大賣草頭方子，說企業的唯一目的便是在賺錢。隨著傅利曼思想在整個管理階層傳開，這個看法逐漸變成商學院的金科玉律，而且也滲進大公司如帝國化工。這件事影響深遠。

若說現代資本主義有個最叫人覺得嫌惡的特色，那便是執迷於賺錢。目前，人們面臨兩個選擇：「做生意主要目的應該是賺錢」相對於「賺錢應該只是很多種考量之一」。贊同傅利曼的人數被碾壓，比例為三比一，這項差異橫跨各年齡層，還有其他事務的種種看法，都很一致。

那麼誰才對？傅利曼還是大眾意見？帝國化工發生的事可以提供線索。該集團由傅利曼激發的營運宗旨，有促使公司員工來到新的高度嗎？任何公司，有哪位員工早上起床時，腦子裡想著「今天我要把股東的價值放到最大」嗎？營運宗旨的改變，反映公司董事會焦點的變化。以往，帝國化工想當世界級的化學公司，此中意味要用心對待員工、顧客及公司前途；此時它只想以分紅取悅股東。如果你的年紀在四十歲以下，不太可能聽過帝國化工的名頭。這是因為公司焦點的變化，證實為大災難：集團走向式微，最後被購併。[1]

目前學院觀點支持大眾觀點。二〇一七年，「英國國家學術院」（British Academy）推動「大企業的未來」（The Future of the Corporation），作為它的旗艦方案。在牛津大學金融學教授、前商學院長邁耶（Colin Mayer）帶領下，這項方案的中心立論認為，企業的使命，在履行自己對顧客及員工的責任。獲利能力倒不是目標；它只是一個必須滿足的限制條件，以便依永續的基礎，來

1 軼事偶爾會正中紅心。二〇一八年元月，我在巴基斯坦中央銀行年會上發表演說，引用帝國化工作為公司喪失使命感的例子。我講完之後，有位儀表堂皇的紳士來找我，原來他當過該公司的決策高層。我正準備為自己的才疏學淺道歉時，相反的事發生了，他握著我的手，證實股東價值論，在集團一次又一次開會之後，成為經營層的執迷。按他判斷，失去真正的使命感，最後毀了整個公司。

達成前述兩個使命。以前企業怎會偏差那麼大，而公共政策該如何矯正它？

講道德的企業，或是吸血大烏賊？

大企業沒必要舉止像隻吸血大烏賊。[2]試想一家大企業，比如聯合利華、福特或雀巢。你認為一位這類企業的一般員工，會怎麼跟你形容公司的宗旨？你認為他們會說，「替老闆賺錢」嗎？有少數企業營運時真的奉行那套哲學。聯合利華的員工更可能跟你講，他們工作，是為了提供買得起的食物及香皂，給那些貧病交加的社會，這一點讓他們的貢獻，比起非政府組織自吹自擂的活動更珍貴得多。福特的員工更可能跟你談，他們造出來的車子有哪些特色。有一次赴印尼，我碰到一群雀巢員工，他們正經營一種乳製品工廠，而轉變了當地農民的生計。有段時候，當地的公共秩序解體，農民們前往城裡，保護乳製品廠不受劫掠。這類使命實為成就，人們從中能取得自豪；企業創造出工作，人們工作時能貢獻給他們的社會。

只是某些公司裡，員工們真的把公司的使命看成賺錢。有家投資銀行赤裸裸地把這一點傳達給員工，在入口大廳掛著開玩笑的營運宗旨「我等只賺錢，其他不幹」。銀行聰明員工受這種無恥哲學所激勵，逐漸演化出合邏輯的修訂，「我等只替自己賺錢，其他不幹」。這替銀行最聰明員工開啟很多可行的策略，而公司受傅利曼薰陶的管理階層沒那個腦筋預見得到。結果證實，有一種高效率方式，員工用來替自己賺錢。這麼做讓公司涉及一些交易，員工收到獎金，但讓公司碰到隱藏的風險，未來虧錢。員工這種行為穩穩地叫公司破產。那家銀行便是貝爾斯登（Bear Stearns），而它的破產引發二〇〇八至二〇〇九年的金融海嘯，導致的全球虧損，規模只有世界大戰可堪比擬。[3]單單美國付出的損失，據估就在十兆美元左右。

帝國化工及貝爾斯登的下場顯示一個要點：公司需要使命感。執行長們可以用他們的地位，來營造那種共有使命感。那真的是管理高層的核心責任及職

2　這個意象被用來批評高盛（Goldman Sachs）公司。不管把高盛比擬成吸血大烏賊是否有所曲解，最近的研究指出，這個意象並沒有曲解大烏賊。它們散發出的氣味，就是聰明、不合群、貪婪的惡意，則被某些經濟學家錯誤地說成人性。

3　貝爾斯登本身，在摩根銀行奉美國財政部指示下獲救，但大家知道它破產後，跑去雷曼兄弟（Lehman Brothers）銀行擠兌。雷曼兄弟被視為大到不能救，只是後來證實，它又大到不能倒，引發的惡果證實為大災難。

能。我們已見過它怎麼運作的，強森造出信條，言明嬌生的使命，幾十年後證實至關重要。

五十年前，世上最成功的公司是通用汽車，公司很龐大又賺錢；然而到二〇〇九年，它破產了。因為通用的式微阻擋不住，意義如此重大，整起事件被分析得鉅細靡遺，事發過程中（管理階層曾經頻頻邀請管理顧問來診斷什麼地方出了錯）及事後反思都一樣。通用因何而死？答案是豐田汽車。

豐田開始打進美國車市的時候，通用汽車高層起初的評估為：那只是局部問題。只有沿海地區的人才買豐田車；內陸市場依然穩固。所以，整起現象完全可以解釋：沿海地區的人有點兒怪，只是事態會逐漸消解。對通用很不幸的是：這種自負的診斷證實出錯，豐田汽車的「疫病」傳染到美國心臟地區。通用新的診斷判定是科技：日本人使用機器人來生產車輛。豐田從頭到尾樂於合作，令人稱奇，邀請通用前來它們設在日本的工廠視察。通用執行長下達命令給參訪豐田汽車廠的團隊，內容為「全給我拍下來。假如他們用機器人，那我們也會用。」一等這招充分落實，可以斷然確定的是：不管豐田怎麼做而產生出高下差別，重點肯定不是機器人。下一個階段，豐田夠大方，提議通用與他們合資在加州設廠，製造相同的汽車。這些完全一樣的車離開工廠，美產豐田汽車打上通用豐田的標誌，循此而行銷。這個階段結束時，豐田已建立可靠耐用的強大口碑，它們的車事實上零出錯。的確，我及內人一九九八年到美國時，也買了一輛，二十年後還在開。這種口碑在市場好處多多：加州廠生產的相同汽車，只要掛上豐田標誌，售價多三千美元。那麼，假如這是品質差異，要怎麼解釋？

在此之前幾十年，豐田便引領公司與員工建立新關係。一般組裝線工人被組織成小隊，叫做「品管圈」（quality circle），賦予品質管制的責任（真諷刺，品管圈這個概念係美國制定的，獲日本熱情採用，很可能是很契合日本文化）。關鍵步驟在要求每個小隊儘快查出整個生產過程的錯誤，管理階層念的經叫「錯誤出寶藏」。假如有工人查到錯誤，他該怎麼做？豐田高層採行的最激烈一招，便是安裝「安登」（Andon）索，沿組裝線掛著。任何組裝線工人瞧見錯誤，就拉下最接近的索，那樣全線會立刻停工。組裝線依其本質，生產都整合起來，全線停產成本很大。在豐田汽車廠，每分鐘代價一萬美元。一個工人沒必要地停止組裝線幾分鐘，叫公司付出的代價要遠超過他一整年的產值。因此，這項政策顯示，管理階層真的信任員工對公司有向心力，而非作對。換句話說，豐田仰賴員工有使命感，與公司的使命感吻合一致。我相當懷疑工人們腦袋裡會想著，「我盡力把股東價值放到最大」。

這與通用的品管手法完全不同。通用採傳統做法，檢查完工的車輛裡的樣品。最後，一名通用新執行長了解問題所在：公司文化必須改變。通用高層與「聯合汽車勞工工會」（the United Autoworkers Union）間的對峙，要代之以互信。「假如他們用機器人，那我們也會用」，被「假如他們裝了安登索，那我們也要裝」所取代。在執行長命令下，通用的組裝線都安裝安登索。執行長大可宣布，公司文化變了，但中低階的組裝線經理更了解一般工人的態度，所以知道接下來會怎樣。幾十年累積的勞資憎惡，是無法一夜間化解的。一些工人取得機會，讓公司嘗到毀滅式的傷害，於是樂於採用。通用的安登索被扯動的理由，根本亂來，生產於是癱瘓，而生產線經理被究責。經理們面對現實，於是把安登索綁在天花板。[4]執行長試圖改變公司文化，最後極其醒目地顯示，管理階層並不信任其員工，對抗的認同反而強化。

可堪相比的事情發生在公司與供應商之間的關係。多年下來，豐田與其供應商建立合作關係：兩者都面臨相同的挑戰，就是造出品質更好的零件，而改善最終產品。這件事要從長期來看。整個市場週期，有時候豐田與供應商打交道，處於支配地位；而有時候權力會轉到供應商。若是每一方一時有優勢而剝削對方，那麼長期下來，雙方都是輸家。逐漸地，它們學懂要信任彼此。相形下，通用引以為榮的便是自己乃強者，不論何時都把供應商壓榨到極限。到了通用了解自己必須改變之際，已經為時太晚。跟它對待員工一樣，通用發現自己被行之已久、在其中營運的信仰系統，給煎熬折磨。

多年來，以沃爾夫斯堡（Wolfsburg）市為基地的福斯汽車員工會跟你講，他們公司的使命，在造出真正的好車。牛津一度是英倫的沃爾夫斯堡，是「英國汽車公司」（British Motor Corporation）的大本營。這兩家公司職工文化的對比，呼應著豐田與通用的文化差異。記得有次國際足球賽事在德國足球場舉行，我瞧見一群人對著電視攝影機，驕傲地揮動寫著「福斯」的旗幟，而目瞪口呆。要英國汽車公司的員工做相同的事，根本想都別想，最後叫那家英國公司破產的，正是罷工。只是在二〇一六年，福斯汽車受重大醜聞打擊，它造的柴油車裝配一種裝置，欺騙美國做的空污測驗。促使福斯員工設計那種裝置的原因是什麼？他們想的只是個人獎金嗎？我很懷疑。那些員工更有可能完全

4　通用中低階經理的這種舉動，可以拿來跟嬌生碰到泰諾危機時，中低階經理的行動兩相對比，而了解藏在這種差異後頭的是什麼。

遵循公司使命，但不接受美國法規的宗旨而要做的那些測驗。很有可能，他們認為那條法規是不正當的手段，想限制美國進口德國汽車；不然，他們單純只是想用走流程的手法通過排放測驗。當然，他們那麼做完全錯誤；他們沒能升級自己「好車」的願景，沒把空污列入考量。即使以他們為公司造成的惡果來說，他們的抉擇最後造成大災難。但是，很多人如我，在公家部門有個舒服的工作，而以為民間部門的從事人員，都是受貪婪、恐懼所驅使，那就是誤會、污辱人了。證據指出，民間部門的工作滿意度確實高得多，舉個例子，他們比較不會用生病為理由，而不去工作。

因此，資本主義本質裡並沒有髒東西。賺錢只是一種局限，強迫公司要有紀律，而非界定它的宗旨。但是，貝爾斯登、帝國化工及通用的案子指出，有些事情錯得離譜。出錯的是什麼呢？

控制企業的是誰？

答案在控制權給不對的人拿去。資本主義之得名，係因為企業的所有權，歸給提供風險資本給企業的人。理論基礎說，那些承擔風險的人，最需要控制權，另有最強的動機挑剔經理人。然而，這項理論基礎逐漸背離實情，而且程度愈來愈大。

一家公司若是倒閉，很多人會遭殃；要承擔風險的，遠超過投注資本的那些人。損失最大的，或許是公司的資深員工，原因在於他們累積的技術及聲譽，只有在那間公司才有價值。此外，假如該公司是城裡的重要雇主，那麼在當地擁有房子的每個人，都會有可觀的資本損失。

顧客也遭殃。「君主航空」（Monarch Airlines）二〇一七年破產時，共有十萬顧客受到延擱，這一方算枝微末節。更為嚴重的是，現代供應鏈在公司之間造成交互依存，因為如此，一家公司破產就如病毒，傳染給全球經濟。這正是一家中型投資銀行如雷曼兄弟破產，會導致金融海嘯大禍的原因。

連同那些買股份的人，以貸款形式提供資本給公司的也罹受損失，但只有股東擁有因購股而生的權力。相形之下，股東可能一點兒沒受損。身為教授，我有權向含括所有大學的基金領取退休金。基金是由持有很多公司股份而融資，如此，假如一家公司破產，我的退休金會受損嗎？真感謝並不會，原因在責任集體傳送給整個大學系統。根據合約，即使某些大學破產，負債也會傳給那些還存在的大學。但其他大學如何彌補赤字？到最後，我退休金的負債可能傳送給幾個世代的學生。學生們讀到這一點，我向你們保證，我深深感謝。但是，為了承受這種風險，你對那些控有我退休金基金的公司的經營管理，有多少控制權？

企業必須對關心公司長期表現的有心人負責，而且見多識廣到能查出管理上的錯誤。假如股權太支離破碎，搭便車的問題就會發生：沒人會有多大動機，想了解公司管理的長期策略是否精明。在德國，銀行扮演這種監督的角色，代表它們的股東來控股，積極參與公司管理。在美國及世上很多地方，這個角色是由創辦成功公司、保有大多數股份的家族來扮演。只有一個國家全面落實傅利曼的願景，那就是英國。其公司綁在數百萬股東的獲利，除非公司獲利一直上升，不然股東就在股市售股，叫公司負責。英國已成為一種經濟意識形態的天竺鼠。英國的銀行已抽身很遠，不管公司經營，而創辦家族因為課稅的設計，已減少其持股。公司的法律控制權，完全在持股人手上，其中八成為退休金基金及保險公司。接下來，它們奉行「不喜歡那家公司，就賣掉其股票」的箴言。目前它們決定買賣股票，主要依據電腦的演算，由股價最近的波動，進行複雜的參照股市交易，大約六成已自動化，社會裡的超級巨星，就是數學頭腦最好的人，能制定最聰明的演算法，偵測股價動能的形態。在此錯失的是直接了解公司、其管理階層、員工們、公司的前途，而那些知識只有長期參與公司才能取得。

一家公司的管理階層，為什麼要在乎一家退休金基金賣掉公司的股票？在英國，公司管理階層的終極威脅，便是被競爭對手購併，而購併在公司股價較低時變得較容易。有兩家巧克力公司——美國好時（Hershey）及英國吉百利（Cadbury）——佐證這種公司所有權的差異而導致的下場。好時家族保有嚇阻購併的控股，相形下吉百利家族堪稱貴格派慈善哲學的範例，把控股全賣到股市。等到卡夫食品（Kraft）想擴展它在巧克力市場的存在感時，它鎖定吉百利，而退休金基金恰當地售出它們的持股，吉百利於是不復成為獨立公司。所以，實權是掌握在公司的董事會手上，以避免這種下場。董事會先發制人，會觀察每季獲利，以決定要不要解職執行長。目前執行長在職一般僅僅四年。

慢慢地，執行長薪酬愈來愈與短期表現指標綁在一起。這個問題在英、美最醒目，兩國的金融市場「開發程度」最高，執行長任期也最短。逐漸地，這種習性傳染到非金融公司執行長的敘薪，反應升高的風險，執行長薪酬上升，遠超過公司平均薪資。在英國，過去三十年間，它已由員工薪資平均三十倍，上升至一百五十倍；儘管如此，比起美國執行長的薪給還算很克制了，美國執行長的薪津由員工均薪的二十倍，上升為二百三十一倍。然而這段期間，由客觀測量來判斷，公司整體表現並沒有改善。執行長薪給調高，顯然不是因為表現提升，另外，也不只是補償額外的風險。大公司裡，位居敘薪委員會的人組成另一個人脈網。隨著那些人脈團體成形，種種敘事逐漸建立起信仰系統。隨著時間發展，誠如我在前一章所述，我們的社會已分裂，由國家認同變成以技術為本的認同。這個龐大過程的縮影，便是執行長的交遊團體，已由自己公司的同事，變成其他公司同為執行長的人。結果便是，敘薪委員會那群人，對於什麼叫「公平」的準則往上爬。有位執行長講述他聽到這樣的話，「他賺到五百萬美元，而我只有四百萬；這不公平。」這句話的核心甚至不是貪婪。這些執行長當中，很多人並非享樂至上者，而且醉心於工作。只是同儕的尊敬，由於認同重新界定，其來源改變了。薪水四百萬的執行長心裡想的，應該不是差那一百萬他可以買的東西，而是下次他們在瑞士達沃斯會面，賺五百萬的執行長賞給他降貴紆尊的同情。

金融部門言行一致。假如公司的短期表現應該用節節調高的薪津來獎勵，那麼金融人士自己也該採行相同模式。對此他們一點也不忸怩作態。執行長薪津相對於員工向上攀高，一直是他們帶頭的。在銀行界，其比率目前已達到五百比一，絲毫不受金融海嘯所影響。這也改變爬上高階人士的道德品格。德意志銀行（Deutsche Bank）聘請米歇爾（Edson Mitchell）當它的執行長，而他把該行的文化，由德國人的穩重，轉變成放縱撒野。他「雇用唯利是圖的人……那些人毫不在乎道德」。那段時候，德意志銀行出現道德真空：每週五入夜，銀行團隊會跑去看鋼管舞；耶誕假期派對上，娼妓被雇來娛樂高階主管；米歇爾還公開蔑視家庭責任。德意志很快膨脹為世上最大銀行，但經營它的人，其道德較適合經營妓院。米歇爾死於墜機；他的銀行也落到類似下場。

下探整個食物鏈，評判基金經理人的標準，是他們負責的投資組合中股票的每季估價。資產管理適用這種手法，顯然因為負責人的表現，用單一衡量法來測量最簡便。只是，要想設計出誘因，獎勵真正有益的東西，其實非常困難。資產管理人由短期表現而得到好的報酬，這麼一來，結果便是他們就以相同標準，來評判他們投資的公司。

把控制權交給股東的後果

到最後，這樣的策略對一家退休基金公司來說明智嗎？掌管一家公司，變成絞盡腦汁讓每季獲利上升，直到股票選擇權開始生效，執行長不管怎樣，離職時都有「黃金降落傘」（golden parachute），那麼，對一個執行長來說，怎樣叫聰明的策略？顯然，策略就是變來變去，而拉高每季獲利，愈快愈好，愈多愈好。以下是「英國工業聯合會」（Confederation of British Industries）理事長費爾貝恩（Carolyn Fairbairn）進行的評估，她說，很擔心「執著於股東價值，而犧牲了使命」。工業聯合會是替英國大型產業遊說的團體，它的理事長絕不是不切實際的激進人物。

若是一個執行長必須催高每季獲利，那該怎麼做？三個選項可供考慮。第一種是打造一個有如嬌生的公司，公司與員工、供應商及顧客之間，有著良好、信任的關係。這種公司最後價值很高，但缺點是要花很長的時間。第二種選項是減少一切對生產非關鍵的開支，這一點聽來彷彿是帶領公司走向效率，而效率對社會彌足珍貴，即便讓公司本身相當難受。但是，因為過去的執行長們應該都已瘦身，那麼剩下來容易砍又不會很快影響生產的最大開支項目，就是投資。本質上，減少投資到時候會打擊到產出，但「到時候」執行長可能早就離職了。第三種選項是執行長不浪費時間在有關生產或投資的真正決策，而是重新安排公司的帳目。我們當中不是會計師的人，會認為在會計專業領域上已建立清晰的規則，規定帳目要怎麼做；但在實務上有很多灰色地帶，讓獲利可以加、減或由某個分公司轉移到另一個。

你若是執行長，會選擇哪一種？我們可以見到，美、英企業採行第二種而生的惡果，雖說獲利高，但公司選擇不投資。這種行為的驚人證據，來自公開上市股與私人持股、無法在市面出售的公司，兩者投資比率差很大。公開上市公司的投資率在百分之二·七，私人公司則為百分之九。英國的金融部門，相形其他主要國家，在經濟體的規模最大，而企業投資於研發則遠低於先進經濟體的平均值。

追逐每季獲利的公司，其長期表現——即使用獲利能力這個衡量標準——遠遜於能放眼長期的公司，這就不足為奇。但很可能前任執行長已經把投資砍到皮包骨了，你或許會被迫採取第三種選項。依其本質，第三種很難察覺，除非在一些把這類詐騙手段推得太過而被踢爆的案例。這種事情會定期發生。在美國，令人稱奇的案例便是安隆（Enron）公司。而英國可堪「媲美」安隆的，便是「鏡報集團」（Mirror Group Newspapers）的執行長麥克斯韋（Robert Maxwell），他一度遭官員調查而揭露為「不適合經營上市公司」；還有「英國家居品」（BHS）集團的執行長葛林（Philip Green），他還被冊封為騎士呢！

他們都把公司的退休金基金偷光，留下數千員工陷入貧困。醜案快被踢爆前，麥克斯韋由他的豪華遊艇後方跳海；葛林則保有自己的豪華遊艇，批評人士巧妙地改船名為「英國家居品摧毀號」。或許可以將豪華遊艇視為「創意」操弄會計項目的領先指標？

選項二、三都有惡果，而嚴重傷害社會。很多大型公司經營長期以來沒得到足夠的關注，而它們的公司財報變得不值得採信。

事態還變得更糟；目前我們已瞧見，執行長們愈來愈把精力用在短期花樣，而不是長期建設偉大企業上。只是，薪酬差異擴大，叫那些願意採取長期措施的執行長及董事們更為難受。誠如嬌生、帝國化工、福斯及豐田的往事所示，長期策略有個重大要素，便是說服員工認同公司。敘事只有在言行合一時，才能發揮威力。你跟員工們講「我們同舟共濟」，卻拿五百倍於一般員工的薪水，很可能會碰到蠻大的憤慨。生產線上的員工可能會想：「既然你用你的權力打劫公司，那下次我想休息一下時，就扯動安登索。」說一套，做一套，能奏效者幾希。

那麼，退休金基金目前的策略明智嗎？顯然不是。它們有明確的責任，就是屆期能夠給付適當的退休金給會員。它們能否完成責任，只需看一件事——

它們資產的長期收益。這一點端賴它們持有股份的那批公司之長期表現。總結來說，退休金基金的表現無法優於市場，因此它們履行責任的能力，要視整個經濟體內很多企業的長期表現而定。管理退休金基金時，心思不在這項任務，那麼自己要履行責任的能力也就減弱。

我們能怎麼做

冗長列舉這麼多錯誤，令人喪氣，現在是轉而找務實解方的時候了。所幸這些問題不是資本主義無法避免的特徵，而是公共政策錯誤的產物，可以矯正。公共政策會出錯，是因為古老意識形態的對立而導致的瑣碎化。右派的意識形態主張信仰「市場」，揶揄一切政策干預。它的解方就是「叫政府別在商業背後搞鬼，解除法規！」左派的意識形態揶揄資本主義，譴責企業與基金的經理人為貪婪。它的解方是公司全收歸國營；站在高處號令經濟，權力歸國家擁有。這兩種基本教義派的意識形態都根基薄弱，但它們設下彼此間公共討論的條件，而阻礙有生產力的思考。

新手法的起始點，在體認出社會裡，大企業的角色從沒被思考通透。經營大公司的董事會決策時，對社會極其重要。只是，董事會當前的結構，是個別、未協調決策的產物；每個決策湊巧都導致更進一步、始料未及的決定。企業管理系統一向欠缺任何程序，半點也不像熾烈精明的公共討論。公共討論由《聯邦黨人文集》（*The Federalist Papers*）得以印證，那部文集產出美國憲法及國家管理體制。公共政策對商業一向是遞增的，因此從沒妥善適應基本的控制課題。任何可行的解方，必須由重新平衡各種利益入手，在其間，企業控制權則由法律賦予。

改變公司內的權力

目前在英美語系經濟體裡，法律要求董事們為擁有者的利益來經營公司。舉個例子，這正是英國《公司法》文句通常解讀的方式，即便該法容許更廣大的考量。[5] 接下來，除持有公司股票的人之外，其他都不是擁有者。這套系統本質上並不屬資本主義，它會崛起，是因為十八世紀期間，公司成長初期階段，叫人束手束腳的局限，便是籌到最低規模的周轉金，而進行風險投資。那種世界已成過往。今天財務損失的風險，按習慣是由多元分散、資訊及稽核公司治理來解決。目前已有充裕資本願意周轉風險投資（網路公司勃興，以及接下來的房貸證券化大流行都可堪證明）；目前人們願意購買沒投票權的股份，他們跟其他股東承擔相同的風險，但沒有控制權。目前還沒分散的最大風險，可能就是那些資深員工，他們把自己的人力資本投入單一公司，還有長期仰賴該公司供貨而很忠實的顧客，然而他們在董事會通常都沒代表人。讓這一或兩個團體在董事會有代表，是完全可行的事，而且有時候真的發生了。這類公司被稱為「互助公司」（mutual）。

今天英國最受敬重的公司不再是帝國化工，而是「約翰路易斯合夥公司」（John Lewis Partnership）。這家老牌又極其成功的公司，有著很不尋常的權力結構。它由一家信託公司擁有，經營時為全體工作團隊的利益著想。勞工們收到很可觀的集團利潤作為年終獎金，足以反映這一點。此外，執行長之樂與店面銷售員之樂是一樣的：付給櫃檯人員的利潤比例，與給執行長的相同。全體

5 約翰．凱指出，英國公司法的微言大義，鼓勵董事們採更大格局，但有次我跟一家大公司集團主席提到這一點，他搖搖頭，跟我保證，法律要求他只照顧股東利益。以此方式解讀該法文本，已習以為常。

員工透過一系列當地、分區及全國會議，對公司如何經營都有發言權；公司管理委員會有八成是由他們選出的。約翰路易斯便是互助公司的例子，歸擁有直接利益的人集體擁有，比如員工或顧客，而非股東。隨著公司雇用新員工，或取得新客戶，他們逐漸累積所有權，取代那些離開的人。按此設計，所有權及控制權授予那些參與公司、因此對公司表現有直接利益的人。

很多公司以往都有如此的結構，但結構會受到致命的誘惑。那些獲得所有權及控制權的人，法律上有權把公司轉型，由互助狀態，變成所有人拿股票，而可以在金融市場中拋售。這麼做了，特定年代的「所有人」拿走公司的全部資本價值，犧牲後來所有世代的參與者。在英國，解除互助形式的空間，經由一九八六年修法而創造出來，支撐以往法律的是社會常則，認定這種舉動為不道德，但一九八〇年代的新金融文化則削弱了責任的常則。有時候，誘惑實在太強大了。

在美國，高盛有批特定年代的合夥人，本就以更精明而勝過正派而知名。他們抓住這種新道德提供的機會，這讓他們能逃脫以往各時代合夥人嘗到的赤貧。在英國，大多數建築業合群組織（用美國說法，就是儲蓄及放貸會社）都解除互助形式。全國最大的「哈利法克斯建築會社」（Halifax Building Society）

本來是大型老牌公司，它由英格蘭北部小鎮卑微地做起，歷時一百五十年，變成金融巨擘，有效率地提供抵押房貸給幾百萬人，還提供保障給另幾百萬小額存款人。這種所有權結構的轉變，讓這家大公司的管理階層解除束縛，擺脫用戶不專業控制的重負，把已經成長為全英最大銀行的公司，交給基金經理人的專業檢視，觀察每季獲利。約翰．凱當時在董事會，端詳成果。樂得輕鬆的管理階層判定，經由擴大業務，不再局限於無聊的流程，從小額存款人收取存款，再放貸給想買房的人，那麼每季獲利會增加。當時市場投入大錢在玩的，是衍生性金融產品。凱指出，在這些市場賭博，只有其他玩家輸的時候，才能賺錢。他質問哈利法克斯為什麼認為自己會列居贏家之列，執行長解釋說，銀行已聘請一個特別精明的玩家團隊。凱會見過該團隊後，簡潔地評論執行長的吹噓，說自己發現團隊沒那麼靠得住。但儘管他有質疑，哈利法克斯的獲利在新策略支持下大幅成長，似乎證實執行長的英明。接下來完蛋了。哈利法克斯必須由另家銀行來拯救，它龐大的虧損逐步曝光。那些職業基金管理人主持而犯下猖狂的管理愚蠢，以至於一個世代之間[6]，就叫以寒微互助形式起家，歷

6　譯注：英文一世代通常指三十年，也有指二十年。

時一百五十年成長為世界級企業的哈利法克斯，為之破產。只是我個人倒不能抱怨。很久以前，家母為我開了哈利法克斯建築會社帳戶，存我的零用錢，而當時我一直無法結清戶頭；因此，隨著我在該行的利益轉化成股份，又適時出售，那時我發了一小筆橫財。

所以，由結果取得的證據十分支持法律規定：勞工利益在公司董事會必須有代表。這樣的改變並非不切實際：在德國，公司的法律結構長久以來都要求有勞方董事。這一點非但沒衍生禍事，德國公司向來非常成功。只是，接下來該預防的，是公司勞方、資方共謀起來，剝削那些在董事會沒代表的一方的利益？最明顯的就是用戶利益。

公司行號的「棲息地」：競爭求生存

公司生存於「棲息地」，每家都找到棲息地裡的小地盤。在這塊棲息地掙扎求生堪稱修練，強迫這些公司要服務其顧客的利益。這個借自生物學的比擬，轉化成經濟學，棲息地就是市場，而掙扎求生就是競爭；物種憑著演化的力量，最後很適應牠們的環境，可以比擬為資本主義的力學。企業彼此角逐著活下來，試著讓它們的產品更便宜更好，如此讓大家都受惠。

妨礙競爭的敵人便是既得利益。既得利益運用他們的力量，透過頻譜很廣的策略造出障礙，妨礙競爭。策略的立法端便是遊說，遊說已成長為龐大的產業，燒很多資源來追求特權。而頻譜的中段，貪腐赫然在目，公職濫用權力，出售特許、法院判決，還有給予壟斷權。目前被踢爆的線索暗示，前南非總統祖馬（Zuma）利用他的職權，為古普塔（Gupta）家族的商業帝國「尋租」，換取好處。而在譜頻的最極端，便是竊國。

共產主義本質的集權，會消滅一切究責行為，因此放任既得利益猖獗。大多數人察覺出這一點：用相同的鑑定法，判定資本主義受到貪腐的污染，但發現沾惹上共產主義時，貪腐更為強烈。誠如北韓金氏王朝三代古怪的生活風格所示，極權國家不會制約既得利益，反而是既得利益的終極勝利。共產社會消除市場這種棲息地，結果運作如此不良，以至於雖有強烈的政治高壓，人民還是選擇「用腳投票」，逃離當地。「蓋起圍牆」可不是始於川普想把外國人擋在國外，而是共產政權拚命想把國民留在境內。人們試圖爬過圍牆的意象伴著我成長，但更年輕的人可沒那種回憶；他們只由書本上知道這件事，而且目前歷史課本優先談到的，都是歷史其他部分了。我十歲大的小孩知道「哈德良長城」（Hadrian's Wall），但不曉得柏林圍牆：讀者們不妨拿這件事考一下自己的孩子。

打從有市場以來，有權勢的人就試著想限制競爭而圖利自己。既得利益對自己優勢的本質，了解程度要遠遠勝過官員們。既得利益是界定森嚴的團體，而且他們發現，要組織有利於自己的共同行動，比起阻撓共同利益擴散，做起來容易多了。競爭能克服這些障礙。因為做同一行的公司有類似的資訊，一旦它們競爭，不管公家官員們知不知情，既得利益都會喪失優勢。若是共同利益認可要維持競爭這個原則，就能運用它來廢止既得利益特殊的各項巧取豪奪。競爭的反對者辯解說，競爭不公平、帶來毀滅，而且忽略既有業者提供它們想出來的好處。這些論調的背後，潛藏著為私利著想：根本就是有動機的析理。

正是市場而非公共介入，修理了通用及貝爾斯登。只是，有時候市場競爭還不充備。碰到大環境較艱困的時候，我們要有主動的公共政策。

雖說既得利益想造出人為障礙來堵塞競爭，但經濟裡有些部門，因為非典型的強大規模經濟，會出現科技面的障礙。規模經濟在經濟活動仰賴網絡時，最為突出。供電需要電線電纜的網絡，就是供電網；供水要水管網；列車服務要有鐵路網。有時候，想把服務與網絡拆分開來是有可能。多家鐵路公司可以在共有的鐵路網上競爭；發電廠可以跟共有的供電網競爭。但那種網絡本身就是天然壟斷。電子經濟的崛起，已造出新的網絡產業，而且可以擴展到全球壟斷。依傳統定義，這些新電子公司所需資本算很少——就是設備及建築物等有形資產；它們的價值是無形資產——它們的網絡。跟有形資產不一樣的地方，在競爭者很難複製這些網絡，而且這些網絡不受物質方面約束，它們沒有固定地點而必須服從公共政策。Facebook、Google、eBay、Uber都是這類網絡的例子，在它們的特有利基上，都有往全球自然壟斷發展的走向。身為不受管束、私人擁有的天然壟斷公司，它們極其危險。

相同的過程發生在經濟體的其他部門，但沒那麼劇烈。生產力上升，本質上會穩定增加複雜性，已導入某些網絡特色到其他產業。這一點接下來讓位居那些產業頂端的某些公司變得更具支配力，沃爾瑪已駕馭這種新的網絡特色，運用在零售業的後勤運補；最大的那些銀行在金融業斬獲新的規模經濟力量。生產力及企業獲利整體上的增益，已集中到那類頂端公司。雖說不像天然壟斷那麼極端，但由規模而取得的利益，讓它們能收到溢酬，勝過較小競爭者賺取的資本收益。外界爭著買這些公司的股票，更推高它們的市值，讓原始股東斬獲這種規模溢價，大發橫財。

只要規模大，精準而言就會超級獲利，不管因為它導致自然壟斷這種極端後果，或是龍頭公司較不劇烈的異常獲利，那麼競爭就無能為力。我們需要某種針對性的政策工具，傳統選擇是用管制及收歸國有。兩種做法都有其限制。

法規管得了嗎？

不管董事會成員多麼用心良善，有時候法規還是至關重大。設有法規，可以確保所有公司都遵循相同政策，不然，放任這件事由各公司董事會去判斷，會導致歧異不一。舉個例子，假如某些公司就減少碳排放方面做得比其他公司來得多，節能減碳就會變得沒效率且不公平。

然而，用法規來對付剝削式企業這種問題，其限制很大。法規的目標，要不是打破天然壟斷，就是管制它們向消費者索取的價格。打破壟斷，可以迫使該經濟部門出現競爭，但是，因為科技而出現的規模經濟繼續推動壟斷，政策介入必得維繫下去。即便那樣，因為阻擋規模經濟，政策也會把沒效率強加上去。價格管制的目標，是限制那樣的公司操作規模經濟而自肥，強迫它把盈利轉給消費者。政策的局限，我們已在一種不同的場合碰到，那便是「資訊不對稱」（asymmetric information）。資訊不對稱以前的體現，指的是公司管理階層知道的，與基金經理人能發現的，兩者之間有落差。現在它的重點是公司管理階層知道的，與監管官員所知的，兩者間的落差。最著名的落差向來在金融市場，介於監管單位及銀行之間，但問題只能算是地方特有的風土病。企業對自己成本及市場之熟稔，比起監管官員能蒐集的情報要強得多，因此問題永遠也無法完全解決。

這個問題最好的因應之道，可能是猜出最好的價格管制，再結合設想好的競爭，透過拍賣把權利移交給壟斷單位。拍賣權利的益處，有個例子便是英國政府拍賣3G行動網路權。一開始，財政部按自己能取得的資訊，預估網路可能的獲利，試著制定出理想價格，認定二十億英鎊就達到目標。所幸，學院經濟學家說服財政部，指出資訊不對稱太離譜，該估算可能出錯，因此它把3G網路權採拍賣方式出售，最後得手的價格是二百億英鎊。顯然，不管成功得標的廠商當初是付二十億或二百億，它都會剝削網路用戶到最大容許限度為止；但至少這樣，用戶被壟斷剝削的損失，可以由政府財政取得一大筆橫財而拿回來。

這件事有個障礙，便是政府投注的心力，有多大信用。企業投標這類契約時，它們會犯錯，話雖如此，因為業者的資訊遠棒得多，不會大到好比監管單位可能犯的錯。假如企業標得太高，它會受損於利潤被壓縮，而且碰到極限時，透過破產而違約。企業只有準備妥當，認為相應的獲利前景看好，才會承受標金太高的不利風險。此外，假如所有的企業都低估獲利的潛力，那麼得標金額證實會很低很低。[7]但政治人物由於選舉，視野不廣，所以，假如一家企業贏得壟斷性公用事業，而被視為賺取暴利，那麼官方監管單位會有推翻合約的誘惑。企業愈是害怕那種干預的可能性，它們投標的標金就會愈低，而讓贏家賺到的利潤愈高，於是政府干預愈有可能……信用程度低，誠為惡性循環。

假如問題就只是這樣，那麼解方便是縮短契約的時間，以配合政治週期；契約起始，可以由一次期中選舉到下次期中選舉，以便把選舉即將到來的壓力減到最小。但剝削性價格定位，可不是企業重要行為的唯一面向。一種公用事業如供水或供電要持續下去，企業必須把它很大的獲利用於再投資。只是合約週期愈短，企業就愈不可能採行有利於社會的投資決定。理論上，監管單位可以試著規範投資，但這種事比起定價，需要更多資訊；實際而言，監管單位對於哪些投資有利根本茫無頭緒，也不知道得花多少錢。監管有其局限。

談到全球性質的電子公用事業，法規的問題更是大為棘手。諸如此類的法規必須普世適用，但相形下，監管的職能，目前絕大多數仍屬國家。因為這些電子公司壓倒性地為美國公司，國際合作因此愈發困難，所以美國政府十分矛盾。以下是一位專精反壟斷律師雷貝克（Gary Reback）的評估：「歐盟能成功動用反托辣斯法，來節制美國龍頭科技公司的力量嗎？辦不到……歐盟薄弱的反托辣斯執行力永遠無法取得真正的成果。」此外，那些公司要把任何能做到有效力管理的法規，描繪成反美國，是很容易的事。

所以，鑑於法規本質上的問題，當前流行的替代方案便是收歸國有。

事業國營

在英國，目前對受監管私營公用事業，有一股強烈不滿的怨氣，以至於大多數人支持國營化，把鐵路、水電公司收歸國有。這點很諷刺，因為本來所有的公用事業，最初都是國營壟斷，而想把它們轉變成商業公司的動力，在於民眾不滿它們的表現。然而，大眾對國營各項缺陷的記憶，比柏林圍牆還要早十

7「贏家的詛咒」（winner's curse）這個詞彙意味著這種現象不會很常見。

年，更遙遠了。國營體制下，公用事業受苦於員工的把持，由罷工發生率極高這點可以反映出來；另外政治角力把服務的價格訂得過低，導致投資不足。當前的討論則圍繞意識形態而兩極化，很諷刺，左派要國營化企業，卻沒有國家情懷；右派要國家情懷，卻不要企業國營化。

現實當中，有些產業由民間監管的企業經營，運作更好，但另些則更差，激烈歧異的程度，與資訊不對稱若合符節。用理想的衡量法，鐵路民營更好，相形下供水則更差。鐵路由民營更好的證據，最明顯便是來自使用量；人們口嫌體正直，還是去搭列車。在一九九八年民營化之前幾十年，國營列車使用量逐年遞減，此後則每年強勁增加。供水轉為民營變糟的證據，主要來自抽走極高利潤，用以分發當紅利。

那麼，怎樣才管用？

因為法規及國營都有強烈的局限，那麼還有任何其他手法，是我們沒考量到的嗎？以下列舉三種。

課稅

在那些規模大自然就更有生產力、更能獲利的部門，由規模而取得的額外利潤就是一種「經濟租」（economic rent）。此種租是經濟學的重要概念，而且在我轉而討論大都會與破敗城市分道揚鑣時，是中心要點。經濟學家使用這個詞彙，指的是一種經濟活動的收益，超出了吸引它所依賴的勞工、融資及企業所需的。假如租蒸發掉了，那麼不管掌握租的是誰，日子都會變糟，但活動本身並不受影響。民間壟斷事業受益於經濟租；所以，較不明顯地，在那些產業當老大，意味著格外有生產力。未來課稅就逮獲這些租而言，要做得更好。跟其他課稅行為不一樣，按定義這樣做不會嚇阻有生產力的活動；相反地，它逮獲的東西，是勞工心血、儲蓄而晚來的滿足，以及承擔風險所需的勇氣，是這三者一直沒能賺取到的。

在那些當龍頭意味最有生產力的產業，就大有理由因規模而區別企業稅率。學院人士使用數據來指出，某些部門裡規模大就更賺錢，那些相同數據就可以用來設計差別稅率。其目的不在阻卻規模經濟，而是替社會捕獲一些利潤。很諷刺，我們已經依規模而使用漸進課稅，卻倒過來用。新的網路壟斷公司如Amazon由欺騙稅務而獲利龐大，避開必須落地生根、同樣規模的壟斷企業的稅負。因為課稅的效果無法充分預知，聰明的手法便是循序漸進，一開始對大規模企業增加輕微的新稅率，再評估影響。有種成果倒可預知：大公司將會大力遊說反對漸進稅。

公司董事會要有公眾利益代表

很多公司董事會的決定，其影響超出公司範圍，但不太適合用法規對待。法規就好比一把大錘，輕易就造成重大傷害。有個例子便是執行長傾向花很少在投資，而動用法規要求企業投資一定比例的利潤，就會複製蘇維埃經濟計畫最糟的某些特色。睿智的投資決定，靠的是豐富又詳細的證據及判斷，無法化約成幾條法規。

要克服這些局限最好的方法不是加強法規，而是讓公眾利益進入公司決策的「機房」：公眾利益在董事會要有直接代表。這麼做的意思並不是要公司經營如慈善組織，因為某「公眾利益」的代表人愛上什麼大義，就犧牲公司的利益。雖說公司的首要目標，應該是長期下來與社會利益吻合，但公司要做到那一點，主要的手段還是聚焦於它的核心能力。真正的意義，在於董事會的決策不應該犧牲明顯又可觀的公眾利益，來換取公司的小利潤。

公眾利益該怎麼吸收到董事會才最好呢？相關法律應修訂，強制要求所有董事都要妥善考量到公眾利益。既然法律上有義務了，假如董事們蓄意選擇忽視公眾利益的重大面向，那他們民事、刑事兩方面，都得上法院。相關法律得以以下方式來組成：當然不期望公司為了小額的公眾利益，而承受龐大損失，但是，只要有合理推測，認為是為了公司少數利益而致公眾龐大損失，那就可以興訟。既知如此，那麼一個董事會不花些心思，做這類決定時，全體董事都討論一下，而且把討論意見彙總於備忘錄，那就太輕率了。個案法將由早期的法院判決累積而建立，假如後果看起來太傾向某一邊，那麼法律可以修訂。

就這一點來說，美國已有先例，那便是「公眾利益」（Public Interest）公司這種新門類。這些公司有雙重任務：經商獲利及公眾利益，兩者董事會都得列入考量。這個點子很正確，但誠如現狀，公眾利益公司在企業部門永遠只是一小部分。的確，它們的存在無意間突顯別的公司經營時，心裡沒想到公眾利益。目前這批公眾利益公司看起來，應該是探索帶路。經由研究這些公司的行為，其理念可以細修到這樣地步：修訂好的公共職權，可以放心地交給企業部門去做。

守護公眾利益

每條法規，都可以因為知法玩法而破壞；每項稅負也可以用狡黠的會計而減少；每個命令，都可以有動機析理而含糊混過。要抵禦這些行動，唯一之道便是警備力量悉知悉見。這點指的並不是刺探監視的父權國家，而是一般人民都扮演好自己公民的角色。

一旦社會有足夠的公民，能了解公司的適當使命，而且奉為準則，那時我們自己就成為良好企業行為的定海神針。我們對好壞行為的回應，就變成實例，溫和施壓，而賦予尊敬及羞恥，這套系統維繫一切成功社會裡，特有的巨大互惠責任網絡。這種溫和的警備角色，不需要人人都參與；只要參與者達到臨界質量（critical mass），再高於此，企業劣行的風險，就變得太高，不敢心存僥倖。任何大公司的重大決策，很多人無疑會知情，其中只要有些人循規蹈矩，就能讓企業行為合宜得體。通常的情況下，若是有一些人指出，公眾利益有被犧牲之虞，那就沒人膽敢公然說公眾利益不重要。碰到罕見的案例，即使勇敢的只有一人，就已足夠——給大家當頭棒喝。所有企業當中，都匯聚不少善良的人，除了現有身分外，還願承擔起新的；他們對成為公眾利益的守護人，感到自豪。金融業勃興來到最高潮時，有家投資銀行巨擘決定創設一個小組來提倡社會事業。進入該小組工作，意味著放棄據說能激勵企業高效率文化的獎金、紅利，銀行管理階層很好奇是否有任何員工願意轉進小組。那四個職缺充分地傳遍全公司，一千名員工申請。大企業裡並不缺乏動機心良好、願意工作有使命感的人。

鼓勵公司有良善的使命感，你便對社會有所貢獻，而一直在一家沒使命感的公司做下去，會摧毀掉個人的靈魂。誠如我們下一章會談到，幸福感並非來自錢財方面的成功。假如你現任職於一家欠缺合群使命的公司，實際上又沒有希望改變它，那麼，若是辦得到，就換工作。我很有福氣，幾個侄兒都才華洋溢，但目前我最敬佩的一個任職汽車銷售工作。他以前的公司要的那一行的尋常勾當，很像高盛流出來的電子郵件中，提到客戶是「玩偶」。他是道德使命感很強的年輕人，於是改換工作，收入較少，但卻提供更多機會幫忙顧客。他對我說，自己快樂多了。

這些新的認同、準則及敘事，可以讓我們社會變得更好，生活更令人滿意，只是首先要把它們建設起來。光憑一家公司辦不到這一點。在瑣碎的層面，假如一家公司要求全體員工讓公司專注於公眾利益，員工聽在耳裡，很可能會認為是公關新招數而已。但是，更深一層的答案乃是，一家公司盛行的企業文化，大致上可以反映其他公司的。有些社會成功建立企業行為良好的文化。日本能辦到，很可能是因為比起美國，日本勞資合作的文化更扎實，以至於豐田能夠採用美國點子，而信任組裝線員工自行監督所產汽車的品質。與此類似的是：德國二戰後的勞資關係政策，深受「英國總工會」（British Trades Union Congress）提議所影響，認為比起戰前英國勞資老是對峙，是更好的做法。戰後德國建立的產業關係，記取英國各工會由英國體制失敗學到的教訓，戰敗的餘緒打破了既得利益，讓德國能重設這類政策；相形英國戰勝，反而讓既得利益依然根深柢固。

重建企業行為的互惠責任，是龐大的公共財，必須由政府完成。第二章給出如何建造新責任的輪廓，我們必須造出達臨界質量的守道德公民。守道德公民指的是了解公司使命、自己可以對社會做出重大貢獻的人；他們體認出這個使命蘊含的準則，而且透過敬重與鄙視這雙重壓力，鼓勵商業界達成這些責任。

目前公民按三餐由政府聽到那麼多用意良善的叨念，以至於人們變得習於不去重視它，所以，一開始必須重建政府公信力。我們已經讀過該怎麼說服狐疑聽眾，這個問題的解決之道便是信息釋放。諾貝爾獎得主史彭斯瞧出唯一之道，便是透過一種行動：假如你正是聽眾懷疑的那種人，那麼代價會嚇人的貴。幾乎可以肯定，即便你並非他們畏懼的那種惡棍，這種行動定會要你付出很不爽的代價。你得找出一種行動來贏得信任，對你來說代價可以承受，而相形下惡棍無法承受。既有了這種洞見，政府在當前局勢中，能做什麼呢？

要記得目前公民們很討厭大企業，認為它們一般很貪婪、貪腐又剝削。這種主流敘事必須改變過來，但假如你一開口便說企業對社會相當有用，那麼很多人就掩耳不聽了。有些激烈的事情，你可以做。金融海嘯期間，沒半個銀行總裁指揮得當而達成目標，叫很多人義憤填膺。這是因為導致海嘯的行為，並非存心毀掉公司，而是太魯莽。當一個汽車駕駛魯莽撞死人，我們給他的罪行分類是「過失殺人」；有別於謀殺罪，謀殺是存心殺人。我們必須找個同等的罪名，加給體制上所有重要的公司，那便是「過失致銀行於死」（Bankslaughter）。如果一個前任執行長，縱使已帶著黃金降落傘退休，仍可能被揪離高球場跑道，叫他為以往的錯誤負責，那麼坐高位該負責的人，更可能集中心力辦事。

一旦你已展現勇氣，接下來就可往前邁進，以簡單詞彙提出國家戰略。或許，以企業的使命入手，以各種可以永續的方式來嘉惠社會，又恢復生活水準提升。說清楚為什麼很多大企業已偏離這種使命，再解說政府試圖矯正事態的政策，還有最最重要的是：說明政策的局限。接下來邀請社會各階層的人承擔起講道德公民的新角色。跟一切成功的敘事一樣，改變不可能一夜間就辦到。要做到，必須由政府許多不同喉舌發出持續且一致的信息，而且也跟一切敘事一樣，可以因言行不一而受到致命打擊。只是跨越大多數西方社會，一九四五到一九七〇年的政府領袖成功辦到建立起許多新的互惠責任。雖說那些敘事並非專對大企業，但它們有助於解釋講道德企業的地位崇高。請記住：當時的執行長們批給自己的薪酬，只有員工的二十倍。現在的執行長給自己的薪津，是員工的二百三十一倍：講道德的企業，已變形為吸血大烏賊。時局已經改變，現在必須變回來。

第五章

講倫理的家庭

家庭是所有讓人擺脫孤獨的實體組織中，力量最為強大的一個。夫妻公開地綁進互惠責任當中。感情也讓父母與子女連結在一起。父母照顧小孩，而經常在多年後，孩子們照料他們的父母。但這種互惠的潛能，很少被斷言為權利。雖說父母晚年收到照料很高興，但他們給孩子幼年的關愛是無條件的，而沒依交易來框架；然而，後代子孫經常把互惠看待成責任。有則很妙的約克郡老笑話道盡這種責任與權利的小裂隙，兒子的倫理有缺經由它顯示出來，「媽，妳為我辛勞一生，現在……妳出去為自己工作吧」。這種責任網可以擴展到遠超出父母小孩。在古代，家族責任推展到今天似乎是關係很遠的親戚，比如相隔七代的表親。

家庭也是人脈網。在標準的三代同堂核心家庭，中間世代的父母組成樞紐，話雖如此，他們經常流傳更早世代傳下來的敘事。由敘事衍生道德準則的基本公式，在家庭這個等級，比起在國家及公司，要更為明顯。家庭是創造歸屬感的天然單位，原因在我們打最初的時候，便在家庭裡受撫養長大。身體的接近透過歸屬感的故事而強化，故事讓每個新世代依歸到家族，創造出「我們」。責任的故事指明我們的義務；其他故事讓我們的行為與後果連結起來。我家跟別人家一樣，都有很豐富的這類故事，人物中有英雄，有敗家子。回憶這些故事很有趣，還可以分門別類成歸屬、責任及開明利己（enlightened self-interest）。

一如一切成網絡的團體，這些敘事經過修飾操作，直到組成相容的一套信仰系統。家族的生物學支柱，留下足夠空間，供敵對的信仰系統能共存。但提到一九四五年，一套信仰系統幾乎普及於所有西方社會，在此我把它稱為「倫理家庭」（ethical family）。使用這個詞彙，我不是故意想暗示它是唯一合乎倫理的信仰系統；但它的確與今天很多家庭的價值大不相同。我想做的，只是賦予一個稱謂給那種倫理結構，而它很長一段期間在各家庭中廣為奉行。

在一九四五年的倫理家庭中，已婚夫妻組成中間世代，而接受雙向式的責任，對其他兩世代人都如此，也就是他們的父母及子女。這件事經常意味著可觀的負擔，但是，因為人人都會經歷過那三個世代，所以它獲認定為負責任的時期。這個結構是強大又穩定的信仰系統：在開明利己支持下，一個共有的認同，界定出一個互惠有差別的準則領域。這種隸屬於家庭的共有認同很容易建立，原因在它活在日常現實、「互相關心」（mutual regard）的領域。這些投入互惠的準則，是呵護關愛等感受的自然延伸，而且它們可以由使命感再強化。假如夠多人遵守，長期下來人人都得到物質的好處，這便是「開明利己」。

至於一九四五年，幾乎人人都隸屬這樣的家庭；然而隨後的幾十年間，狀況急劇改變。縱觀西方社會，人們開始擺脫自己對家庭的責任。離婚率暴增，在美國大約一九八〇年來到頂峰，英國則稍晚一些。只是，隨著教育程度高低的裂痕擴大，此中差異變得很明顯。

多起改變，震撼長久以來力量強大的倫理家庭信仰系統；隨著倫理家庭失色，社會分歧加重——而那種分歧產生好些惡果。

最頂端的震撼

衝擊倫理家庭的第一個震撼，來自科技方面。避孕藥讓年輕女子得以控制自己生命，性愛與以前招致的懷孕可以分來。這件事讓找到如意郎君的過程變輕鬆，短期性關係的風險減少，舊日憂心的「為婚戒而爭吵」（wrangle for a ring），讓位給婚前同居這種遠為可靠的覓偶過程。拉金（Philip Larkin）在他敏銳的詩句寫道：「性交始於／一九六三年。」

這種解放始於科技輔助性愛，但很快便遠超如此。一記知性深遠的衝擊，讓個人由很多僵化的倫理家庭準則束縛中解放出來。對家庭負責，讓位給新的對個人負責，也就是透過個人成就而自我完滿的責任。法律修改，讓離婚更為容易。種種變化支持離婚更容易，其中有個表徵便是讓離婚不受責難：男女雙方都不再歉疚。

這記知性衝擊源自大學校園，因此主要影響到的人，便是高學歷新階級，這就不足為奇。它由根本挑戰倫理家庭的觀念，也就是敬重來自履行責任。新倫理用個人來取代家庭；新倫理要取代敬重來自履行責任，便提出敬重來自自我完滿。吸引女性的知性變種就是女性主義；而投合男人的便是《花花公子》（*Playboy*）。以往被視為誘惑、應該抵抗的行為，被重新設想為自我實現的瞬間，應該好好掌握。很多新階級的家庭裡，夫方或妻方發現，要讓自我完滿，就必須離婚。

隨著男人女人適應這些新準則，菁英結婚的本質改變了，還有另個衝擊推波助瀾：大學巨幅擴張。這一點讓高學歷男女數目相等，還讓婚配進一步大為改善。男女都學懂如何找到與自己相容的伴侶（這件事，因為線上約會配對功能提升，還在持續進行）。這種事很快又因墮胎合法化而更補全，墮胎設在避孕之後，是第二道防線。以往中間世代夫妻的準則，有性別高低及對上下兩世代的相互責任，於是在學歷最高的家庭中，遭到取代，變成相互鼓勵，透過個人成就而自我完滿。

同居及門當戶對讓高學歷者變成佳偶，因此離婚率下降。成就高的父母有心想把他們的成功傳給後代，因此，舊日反映男女教育失衡的男尊女卑，已經式微，代之而起的是父母都忙著惡補小孩（Hothousing）。

我還小的時候，寫功課都沒人幫忙：爸媽不教也不管，沒有家教。我的雙親不論就學識或財力方面，都沒立場那麼做。但對我來說很幸運，讀書時代即便是菁英家的小孩的課外輔導也不多，所以我競爭得過。可是，身為菁英家長，我發現自己教十一歲的艾力克斯科學，而我太太則教他拉丁文，此外夫妻倆還請了家教。他班上其他同學都有類似的課輔，準則已激烈轉變。以前的體系，本來可能撐持下來，但是碰到另一大打擊，也就是中產階級大量增加，還有相呼應的擠進頂級大學入學窄門，競爭激烈程度也大增。我的母校牛津現錄取英國學生就讀大學的比例，比起一九六〇年代要低很多；它錄取的學生已經全球化，實際上通常意味著外國菁英的小孩。只是，隨著英國中產階級的擴大，更多家庭要他們的小孩去讀牛津。一旦某些父母用惡補給自己孩子取得優勢，其他人也得跟進，不然就得瞧著孩子的機會進一步惡化。舊日準則受衝擊，逸離它們本來很穩定的環境，然後內崩。結果便是，高學歷階級之間，養小孩耗費的時間更多，因此夫妻減少自己生養的子女數目，家庭的人口減少。炫耀自己老婆美這種行為，讓位給炫耀自己小孩強：讀者諸君，我就養了一個。[1]

高學歷階級這種新的自我完滿，對其中很多成員真的增加了幸福感，只是離婚如傳染病，造成不少傷害。我們都認識他們。我印象很深刻的有：一位先生為了與另個女子的完滿，拋棄元配，結果元配無法再接近自己兒子；或者是太太為了跟另個男子達成完滿，拋棄前夫，結果前夫無法再接近自己女兒。那些首重自己完滿的人，無疑會編造為自己脫罪的敘事。然而，即便離婚率已經下降，還是在社會準則烙下痕跡。對那些還單身的高學歷人士，不管什麼理由，男女關係穩定之前不能生小孩這條倫理家庭準則，就宣告無效：若是自我完滿要有小孩，就隨它吧，至少在西方社會是如此。在這方面，日本與其他已開發國家分道揚鑣。在日本，生養可炫小孩（trophy children）的壓力，要遠

1 在此筆者玩弄夏綠蒂．勃朗特（Charlotte Brontë）的詞彙，對少數沒幽默感的讀者，我只是開玩笑。雖說我們做長者的真有值得一誇的小孩，但小孩對箇中暗示，即父母對自己的成就有任何貢獻，會感到生氣、覺得不可思議，倒也沒錯。

比西方社會強烈得多。結果便是單親撫養無法與雙親一較高下，所以高學歷單身日本女性寧可養寵物而不養小孩，因為養出來的小孩，她們可能無法引以為傲。

較年輕世代的新家族責任，跟他們父母世代根本沒法比。在倫理家庭裡，老年人通常是在中堅世代的家裡或隔壁受到照顧。我孀居的祖母住在她一個小孩家隔壁、我喪偶的外祖父與他兩個小孩住，我小時候臥室隔壁就住著年長的伯伯。這樣的家居結構仍可以在某些社區找到，但它們不再常見。高學歷夫妻的父母們不僅較不可能跟他們的後代同住，相形以往老人家或許還會由子孫收到一些財務的幫忙，現在更可能的是他們還得金援子孫。這種現象部分反映出高學歷退休人士更加有錢，但是這種現象，更因祖輩與父母輩之間新的跨世代合作而更為強化。兩世代有共同目標，就是撫養出成功的第三代。結果便是，有使命的開明利己曾經強化倫理家庭互惠責任準則，其敘事不再是真理：父母履行對小孩的責任，不再對應以成年子女孝順老邁雙親的責任。

與此類似的是：核心家庭以外的相互責任也腐蝕了。在家庭規模縮小、專業人士全球趴趴走的壓力下，大家族就乾癟了。我再以最極端狀況佐證這種變化。我小時候，有十二個叔伯姨嬸，都住在離我家五英里範圍之內；我孩子成長時，卻半個也沒有。講倫理的大家族，已遭核心世家（Nuclear dynastic family）取代。

隨著高學歷人士變成一個階級，他們發展出一種新型家庭，在其中有些互惠責任恢復甚至強化了。我們可以由數據瞧出這種形態。一九六五年，這個階級的婚外子女很罕見，只有百分之五，直到今天依然是百分之五。離婚率先是上揚，接下來到二〇一〇年降到每六對離婚一對。隨著婚外生子及離婚減少，小孩子由高學歷單親撫養的數目，也扭轉到很低的水準，目前回到不到十分之一。

這種透過個人成就而自我完滿的新倫理帶來好些不良影響，但比起教育程度較低的人所受的打擊，真的不算什麼。

底層所受衝擊

正如矽谷科技菁英預測，新的社會連結能力能減少仇恨，避孕丸及墮胎也被預測為能減少不想生的小孩。我們由數據瞧見青少女當中，教育程度較低的那一半，性愛活動大增。一九六〇年，十六歲前就性交過的只有百分之五；到了二〇〇〇年，這項比率來到百分之二十三。相形之下，即使到二〇〇〇年，那些後來讀大學畢業的女孩，未成年就做愛的，僅有百分之十一。

但避孕藥唯有結合以審慎的先見之明，才能阻擋懷孕，這一點對學歷高的有利。墮掉胎兒這項決定，雖說在個人完滿的新倫理信仰體系當中心安理得，但證實受到舊家庭責任的干擾，再度對高學歷者有利。結果便是學歷較低的青少女懷孕暴增，原因在男女交往從沒打算持續下去。如此的青少女媽媽有四種可能選項，第一便是舊模式，嫁給孩子的爸——奉子成婚的傳統由來已久；另一種舊模式便是她跟孩子繼續與她爸媽住；我外曾祖母就那樣住在她村子裡，沒有多嚴重後果；第三種便是拙劣模仿某些高學歷女性自我完滿的模式，開始當單親媽媽，對此父權國家提供金錢援助及社會住宅；最後選項便是引領同居新模式：比起公開承諾一生，孩子的爸經常對同居沒那麼遲疑。當然，一段男女關係就算沒結婚也可以穩定，但大多數同居最後沒能導致持久的關係，平均只維持十四個月。

社會底層最後的震撼是在經濟方面。隨著製造業的沒落，中年男子失去工作。許多教育程度較低家庭一直沒買自我完滿新倫理的帳，而且很多夫婦秉持倫理家庭的準則，以丈夫為一家之主，支撐他權威的乃是他賺錢養家活口。這種角色有種很可怕的後果：失去工作，在家裡也就沒有角色。如此婚姻的演變，就由相互尊重而緊密的網絡，變得不對稱：妻子還保有她的尊重，但她的存在，反而突顯丈夫已失去尊重。有時候，丈夫訴諸暴力重申權威，有時候他則陷入消沉。這些都是離婚的源頭。

我們由數據可以再看到這一點。一如高學歷人士，一開始離婚大增。但跟高學歷有差別的是，學歷較不高的人當中，離婚率持續攀升。到了二〇一〇年，比率來到每三對有一對離婚收場，是高學歷的一倍。

原本由倫理家庭履行對孩子的責任，此時父權國家以「兒童權利」介入。這些新權力並沒囊括小孩由出生到成年由生父生母撫養的權利；相反地，「兒童權利」假設若能認定小孩遭到虐待，國家有義務把小孩由生父生母身邊帶走。有些遭大肆報導的案例當中，小孩死於父母之手，為資因應，政府執行這項義務愈來愈嚴格。舉個例子，在美國若是醫生發現小孩受傷，除非他們在合理懷疑下能說服自己，判定傷勢不是父母造成的，那麼他們有義務向當局通報，而接下來當局就有義務要把孩子由父母身旁帶走。但是相應地，「兒童權利」要符合最高標準，被公家帶走的小孩，接下來才能被另個家庭收養，還有相應累到半死的官僚稽核過程，以確保任何官方安置決定，可以超出標準，不會被公眾批評。把孩子由生父生母身邊帶走，但安置到新家庭的妥適率很低，結果便是孩子們免不了覺得自己左右為難。在英國，這樣的孩子人數現在有七萬。按現實條件，左右為難的意思便是國家付錢給別的夫妻暫時代養孩子們，經常在寄養家庭中轉來轉去。寄養措施就各項重要育兒評量來講，達不到標準相當明顯：親子關係變得像做生意，相形下孩子們需要的，是明白的愛。寄養很清楚，是暫時性質；但孩子們要的是長久，而且寄養培養不出歸屬感。

社會分歧的後果

這樣選擇性分裂家庭責任，惡果在孩子們身上最為深遠。這些影響在美國最顯著，而歐洲未來文化可能也會變成那樣，半數以上的孩子，目前可能十八歲以前都活在單親家庭。誠如前文分析所示，這種現象按階級而極其分裂。高學歷階級當中，也就是美國上半段家庭，對孩子的家庭責任大致上已恢復、強化；相形下在學歷較低的後半段家庭，單親——甚或無父無母——小孩已變成常態，占那個群體內孩童總數的三分之二。

這一點重要嗎？真不幸，非常重要。先不管烙在單親家庭的禁忌可想而知多強大，目前社會科學已強力（而且因果分明）地指出，孩子們若是自出生到成年，由自己的親生父母撫養，那麼會過得更好。但是現在對很多小孩而言，甚至連單親家庭都沒得選。撫養小孩的責任，漸漸由父母轉移到國家；然而社會父權主義成功的紀錄很差，這一點無足為奇。由國家撫養，無論形式是以孩童之家還是寄養照顧，都因蘊涵在「錢買不到」的種種缺點，而叫苦連天。一如桑德爾（Michael Sandel）在其他文本中所述，付錢叫人照顧小孩，可以補充父母的照料，但無法代替父母。

相形學歷較低那一半人口，很多家庭正解體為空殼，學歷較高的那一半當中，我們瞧見世家普遍孳生。高學歷家庭採用新惡補模式，父母投入的心血劇烈增加；高學歷人家子弟與自己高學歷父母接觸，進行密集有目的互動，更是空前未有。

累積下來，家庭惡補造成差異。它很早就開始，的確，目前經認定，兒童的學前經驗影響很大；到了六歲之齡，接下來就學十年的學業表現，其差異已經能預測出來。簡言之，家庭在孩子就學前幾年做的事，要比學校負責的那十二年，來得更重要。

這些差異起始便有目標，執行時有技巧。單身又貧窮的親長壓力可能重得多——他們的前提不在惡補孩子，而是較平凡的事，即減少生活亂糟糟。那些沒完成學業的親長當中，認為服從要高於自立自強的，比例幾乎達到四比一；而在完成碩博士學歷的人當中，比例則顛倒過來。這類因為壓力導致的親長行為，經發現有害於兒童非認知方面的發展，而現今我們得知，它至少跟認知技巧一樣重要。但認知技巧也很早就開始分歧。最早測量到的分歧在語言：惡補涉及到跟小小孩講話。有項受推崇的研究發現，到幼稚園時，階級差異達一千三百萬個字。字眼本身也有不同：專業人士的小孩聽到的鼓勵字眼，比起嚇阻字眼，要多八倍；拿社福金人士生的小孩，聽到的鼓勵字眼，相比嚇阻字眼，只有一半。接下來則是閱讀，親長的閱讀行為能促進孩童的發展，而且是最大單一因素，可以解釋小孩適應求學的差異。當然，接下來還有金錢，重心轉移到惡補，大大增加家庭開支。只是從一九八〇年代開始，相形美國頂端十分之一的家庭收入加倍至六千六百美元，位處底層的十分之一家庭，收入則跌到七百五十美元；最大分歧自關鍵的學齡前階段便已存在。

學齡前分歧很廣，且不斷擴大，這種形態到了求學階段持續下去。美國到了二〇〇一年，收入頂端與底層兩階級數學及閱讀程度的差距，比起一個世代以前，擴大了約三分之一。相同的形態不僅持續下去，還被相同的過程所驅動：家庭階級的基本差異。

這種高學歷與低學歷階級分歧最激烈的後果，最近由普特南研究美國兒童所發現，意義十分重大。他依孩子們認知力分群，再分析他們讀到大學的機會。當然，我們會預期高學歷階級的子女讀到大學的機會較高，原因在他們可能繼承了較好的認知能力。但是普特南發現，高學歷階級卻位處全國認知能力底端的子女，比起學歷較低但認知能力位居全國頂層的，上大學的機率還要高。新惡補現象培育出來的，不僅是可炫小孩，還有偽裝好的傻瓜。

社會不公平，以及社會流動力停滯甚或下降，這兩股趨勢是最近出現的，數據追蹤這些變化，基本上是我的世代到下一世代。但是，最叫人憂心的新聞乃是，這些觀察變化，很可能還低估了，低估誤差很大，那才是真正持久的不公平。克拉克（Gregory Clark）在最近寫的傑作、書名取得很巧的《父酬者》（*The Son Also Rises*）中，研究流傳很多世代的家族不公平。社會流動性通常只用一個世代比較下個一世代來衡量，但克拉克想到很聰明的技巧，使用罕見姓氏，而可以更輕易地追溯達幾百年。顯然他在此追蹤的，通常便是父系，就大多數歷史而言，意味著他追蹤的是扮演家長角色的人。他發現到：成功極為持久，經常跨越數百年。克拉克指出，傳統只依據由上一代傳給下一代的社會流動力估算，與這類恆久的貧富不均極不吻合，他提出對此類趨勢的可靠解釋。有些資產傳承下來，不曾消失。那是什麼呢？金錢的財富想以這種方式流傳下來，極不可能：只消一個敗家子就可以敗掉金山銀山，所謂富不過三代這句俗諺，靠的便是這種見解。他歸結出兩種資產是敗不掉的：一種是基因方面，但即使基因遺傳很重要，因為交配，極優秀的基因幾個世代也會稀釋。克拉克提及另種可能，便是家風。家風是簡稱，指的是自成信仰系統的準則及敘事，而形塑出在家族這個網絡團體裡的行為。家長、族長位居中樞，地位很適宜讓家風延續下去。我們曉得，菁英家長耗費很大心血在傳遞家風，尤其在一些導致成功的特色，即便那些特色會與時俱變也一樣。

追蹤罕見姓氏這種相同技巧，可以用在衡量社會光譜的另一端，也就是代代相傳卡在社會底層的家族。克拉克發現相同的形態也持續很多代：錯誤也代代相傳。因為債務不能繼承，欠缺金錢財富是祖上流傳下來的，這種解釋說不通。的確，史上大多數人都沒有那般財富，所有大多數人的金錢繼承是一樣的——也就是沒有。

克拉克解釋為何依相鄰世代衡量社會流動力的傳統手法，可能把它誇大了。簡化而提出重點，假設每世代的成功，只因家風及運氣好了，每個世代都繼承家風，另外也由「命運之輪」抽張彩券。假如家風代代傳承文風不動，那麼社會流動的唯一源頭，就是運氣了。但初始世代與任何往後世代之間，運氣的變化是一樣的，不管我們拿來比的是相鄰世代，或者是相去很遠的世代。在這個存心誇大的例子當中，我們在第一代及第二代之間看到的社會流動力，會跟第一代與第十二世代之間的一樣。只測量前者，有可能給人社會流動的幻象。

恢復倫理家庭？

倫理家庭的某些面向，堪稱僵化地虛飾權力及虐待關係。我們已經除掉它們了。但由倫理家庭「解放」的其他面向，無異於讓自私搽脂抹粉，變成尋找自我。與此類似的則是，把功利派的「關切世上窮人」與否認家庭責任疊置在一起，道德覺醒的意味很輕，而故作道德姿態的意味很濃。狄更斯在《荒涼山莊》（*Bleak House*）書中，透過傑利比夫人（Mrs Jellyby）這個角色，就針砭過這類態度。

更重要的是，人們開始認為，透過個人成就而自我完滿，壓倒履行家庭責任，看來像是心理瑕疵。布魯克斯（David Brooks）透過顛覆意味強大的書《性格之路》（*The Road to Character*）描寫，大家起頭由熟悉的謳歌透過成就而達到完滿，到後來卻完全加以推翻，而認為未來的趨勢，將回歸履行對他人的責任而達成完滿。這個誘人的論點，我們透過專注於自我而找到自我，遭遇一種強大的反敘事所駁斥。那種反敘事，或許由潘霍華（Dietrich Bonhoeffer）的《獄中書簡》（*Letters and Papers from Prison*）表達得最好，他寫作時落在納粹手中等死。我們是由別人在我們日常生活中致力於「迷失自己」而找到自己，自由不是由奴役自我而找到的，反而是由逃離自我。潘霍華及布魯克斯為他們的立場，找到新的社會心理學證據。我們對個人成就不夠的遺憾，相對於自己未能履行責任的悔恨，真是相形見絀。傑出心理學家塞里格曼（Martin Seligman）做過長期研究，主題在取得幸福。他的結論毫不含糊，「假如你要幸福，若是只在乎成就，是得不到的……親密的人際關係並非生活的一切，但可是重中之重」。經證實，以「享權利的個人」（entitled individual）取代掉倫理家庭，悲劇成分要大過勝利。

有個經濟學重大突破，乍看與塞里格曼結論不屬於同一世界。它指出「變弱」可以「更強」。為了受益於信守承諾，人或許有必要減少些權力。有能力守信正是開明利己的例子。用花俏的說法好了，「守信技術」解決了「時間不一致」問題：發現這一點的人，榮獲諾貝爾獎。解決通膨的守信技術，便是讓中央銀行取得超然地位；解決育幼的技術便是婚姻。很弔詭地，同一時間，西方社會建立了馴服通膨的守信技術，卻有系統地拆散婚姻，它本來保護孩子有權由生父生母撫養長大。誠如中央銀行政治化以後，一開始「血糖大增」狂印鈔票，拆散婚姻的束縛也製造超大量的離婚。在很多西方社會，婚姻受到宗教相關因素所沾染，因此，我們得找到一個全然世俗的對等事物。這不算天翻地覆：在一切的西方社會裡，婚姻都優先於基督教，宗教與世俗形式的公開承諾，可以輕易地共存。在每種狀況裡，守信技術是由公開又明顯地接受相互責任，而取得力量，它汲取的力量是敬重及羞愧。請回憶一下，守信技術是對使用它的人有利的，它是「開明」的利己，意義與以往的例子相同——把使命感灌輸給守信。一旦你懂得真正的因果鏈而導致好的結果，那麼雙方都遵守，就變得很合理了。正如開明利己補強其他互惠責任，經濟學對公眾守信之價值的見解，也補強心理學見解，也就是履行那些責任的價值。

插入這些見解，可以強力反擊目前聽得有點膩、說要透過成就而完滿的人生抱負。但這並沒有解決新的現實問題，也就是家庭領域已然縮水，社會已由講倫理大家族轉型為核心人口組成世家。這該如何反制？很幸運，科技進展有個重大成果，可以化解這種轉型過程，那就是長壽。[2]雖說家庭的廣度縮水了，但高度卻成長，很多家庭現在跨越四代，而非三代。最年長世代活了很久。假如每世代有兩個小孩，那麼任何還活著的曾祖輩跨越三個較年輕世代，含括四個核心家庭及二十個子孫。如此的曾祖父、母沒必要退居化石角色，過得毫無目的。給他們角色，再現敬祖的力量，守護倫理大家族的責任。

個人附記

十年前，內人與我面臨道德抉擇。我堂妹命運與我分歧之後，又一次急轉直下，她幾個仍在襁褓中的外孫女被父權國家（這算是歐威爾式觀點的委婉措詞）帶走「照料」。鑑於當前英國新高學歷菁英的常則，我們並沒碰到社區給的合群壓力，要我們自行收養，而且，我們族人相應地了解我們的責任，並不苛求。很難受，當時我們態度模稜兩可。事後回想，很難重建思緒的千絲萬縷，但有個重大影響力，便是長輩會期望我們怎麼做。即使長輩已逝，對於晚輩的自尊仍有強大壓力。另外有個強大影響因素，是我們長期接觸非洲文化，而尊敬非洲的大家庭準則。很巧，因為新法條提供途徑，讓親戚能不必受苦於煎熬的領養程序，官方讓領養變得容易。在官方及家族意見一致支持下，我們很快度過最關鍵的最初時期，只花八個月，填一堆表格、檢查表及支票，就完成整個程序。那一整年期間，在英國這個六千五百萬人口的國家，只有六十名兒童透過標準途徑，獲得收養。憑此可以了解統計數據裡，有七萬名兒童卡在暫時的寄養中心，而那個數字還逐年上升。

當時，兩名年幼的侄孫女來到我家，我們的非洲友人的反應是聳聳肩，「歡迎加入領養親戚俱樂部」。我們的英國朋友則說我們「膽子真大」，按電視劇《部長大人》（*Yes Minister*）的用語，意味「你們一定會後悔這麼做」。十年來我們不僅沒後悔，反而更清楚了解家族責任。我們的遭遇，在西方社會應該一如非洲，奉為準則才對。只是在一個富裕又講道德的社會，我們做的，不應該只是必須做的事。

---

2 對這項發展，我愈來愈熱情。

第六章

講道德的世界

一個講道德的世界，會是什麼模樣？意識形態信徒各有其配方。功利派會要求一個父權、全球政府，挑起安排財稅轉移的責任，以達成「最多人的最大快樂」。勞爾派的律師在聯合國影響力日增，伸張「人權」。參加這齣大合唱的還有女星安潔莉娜．裘莉（Angelina Jolie）等感情大放送的民粹名流，堪稱有心無腦，要的是「全球和平」。

相反地，假如我們運用第二章的核心準則，就可以設想一個道德世界，可堪比擬道德國家、道德企業及倫理家庭。

準則一：體察到對其他社會，有並不看互惠而定的責任，那便是「救援的義務」。這些包含對一些團體的責任，比如難民、罹遭大難的社會，以及連初級司法都沒有的地方。

準則二：在那些有意願更進一步的國家當中，建構影響廣遠的互惠責任。

準則三：支持這種互惠的，是體認到團體裡，大家都是成員，依據共同目標的行動而促進每個參與者的開明利己。

一九四五年的國際局勢，與講道德世界相去之遠，實非想像所能企及。當時有四個行之已久的夢魘。我父母那一輩人打從知曉人事以來，三分之一時間活在全球戰火當中。他們出生時，全球經濟很興旺，但接下來崩潰，進入保護主義「叫你鄰居變乞丐」的投機競賽，而導致彼此元氣大傷而貧弱下來。他們歷經帝國時代——英國、法國、俄羅斯、日本、奧地利、葡萄牙、比利時、德國及義大利——而時代在各帝國道德荒謬太明顯的壓力下解體。他們經歷過法西斯及馬克思意識形態導致的恐怖，兩種意識形態分別控制了德國、俄國、西班牙及義大利。這些災難沒消散，二戰結束又新添了兩個：第一，新成立的共產政權侵略成性，已控制世上約三分之一人口，看來還想征服剩下來的人；第二，大家馬上面臨現實，中歐大亂，導致大批難民出現。

當時的政治領袖，按道理很可能會被「此時不宜」的感受所壓倒。但是相反地，他們開始整合出講道德的世界，使用了前述三大準則。他們察覺出對其他社會，有些責任——救援的義務——不必在意是否互惠，而且開始設法滿足責任。他們開始取用國際間，互惠責任既龐大又沒被開發過的潛力，方法是建立新而使命明確的聯誼組織。他們用因果鏈強化這些組織，用開明利己，取代投機式的追逐立即的自利。這些行動成就驚人，而且大有收穫：世界逐漸往好的方向轉變。

但「幸運世代」領袖們繼承了他們的成功，卻不了解創造的過程。聰明的務實主義，由大戰劫灰打造出成功，卻讓位給功利派及勞爾派誘人的意識形態敘事；兩派人馬蠶食掉上一輩傳承下來的東西。當今世界不道德的程度，當然不像一九四五年，但再次有很多工作要做。當初成就非凡，後來惡化，以及未來的任務，合組成本章的架構。

建設講道德的世界

一九四五年，領袖們的基本見解乃是：個別國家的投機行為，必須要由同儕施壓，代之以共同責任。但同儕施壓仰賴共有認同的體察，而那是一九三〇年代沒有的東西。新聯誼組織成員國願意接受互惠責任，是循著有使命的行動而共有歸屬感，逐漸累積起來的。

最急切的首要之務在國際安全。為因應蘇聯造出來的恐懼氣氛，新的聯誼組織一九四九年成形，那便是「北大西洋公約組織」（North Atlantic Treaty Organization，簡稱北約）。組織中心原則，是成員國之間有互惠的安全保障，共有認同便是民主國家面臨共同威脅。有幾個國家搭便車沒錯，但這種新責任，因為最可靠的開明利己敘事，而得以強化：團結起來，不然就得死。大家言行一致，最關鍵的時刻便是一九六二年的古巴飛彈危機，還有一九八〇年代初期部署巡弋飛彈。這些新的互惠責任就維持世界和平方面，做得很成功，同一時間，共產世界的內部緊張則累積起來。

雖說蘇聯成為新威脅，但歐洲內部，德國這個舊日恐懼揮之不散。僅僅七十年間，法國與德國打過三次生死大戰。開明利己的目標，雖然更為明顯，但居中作梗的，是那幾次戰爭衍生的仇恨。解方則是務實、緩慢、溫和但不斷重複地共同努力，這項過程始於一九五一年，而且擴大為「歐洲經濟共同體」（EEC）。跟北約一樣，這個聯誼組織的中心原則便是接受互惠責任。

為了拆散一九三〇年代的「叫你鄰居變乞丐」保護主義，另一個聯誼組織成立了，那便是「關稅暨貿易總協定」（General Agreement on Tariffs and Trade，簡稱關貿總協）。一九四七至一九六四年間，關貿總協敲定六輪互惠的貿易自由化。關鍵動力一樣是開明利己，人人都察覺出保護主義導致什麼慘況。

為因應一九三〇年代的大蕭條，又一個新的各國聯誼組織成立。「國際貨幣基金」（the International Monetary Fund）堪稱公開銀行，加入基金必須支付明確的會員費用，致力於遵守一組規則及監督，獲取的回報則是碰到危機時，有資格貸款。效果上，基金便是一個龐大的互助保險系統。

支撐這些聯誼組織的共同互惠原則，因「經濟合作暨開發組織」

（Organization for Economic Co-operation and Development，簡稱經合組織）成立，進一步強化。該組織旨在創造同儕壓力，它透過排行榜（比如「國際學生評估計畫」，評比教育表現）及同儕審核國家政策，來鼓勵各國互相比較。

這些目標特定的聯誼組織各自有其明確、限定的會員權，團體內有互惠責任，以及可信的開明利己，逐漸地轉化這個世界。每個組織以其自己的速度而開花結果，然而，它們累積起來的成就十分驚人。

一九八九年，北約催生出壯闊結果，蘇聯解體、冷戰結束。歐洲經濟共同體在歐洲範圍內，逐漸安定各國，比如西班牙、希臘及葡萄牙，都成為民主政體；同一時間深化貿易整合，讓較窮國家能趕得上較富國。關貿總協一九八六年最後一輪磋商，奠定好基礎，讓接下來國際貿易擴張，取得龐大經濟利益。國際貨幣基金擋住多次金融危機，整個這段期間，它最大的紓困行動，便是一九七六年協助英國解決政治危機。《紐約時報》當時預測英國危機的走向，寫篇標題為「再見了英國，很高興認識你」的新聞，局面因國際貨幣基金紓困而扭轉。英國獲救，是因為凱因斯等英國前一世代官員建立起國際貨幣基金，因應這種可能狀況，他們稱得上國家英雄。

除了這些互惠責任式的聯誼組織外，全球領袖還建立新組織，旨在履行救援的義務。他們再次發揮智慧。不是把這些救援義務委付個別富庶國家，而是建立起全球機構，使用那些富國之間的互惠原則，以執行新準則，履行救援他國的義務。聯合國難民署（UNHCR）之創設，是為了照顧難民；「世界糧食計畫署」（World Food Programme）之創設，是饑荒時提供食物；世界衛生組織之創設，是想在最貧窮社會中，提供更好的衛生照顧。但登峰造極的組織是世界銀行。它的會員分為兩群，富裕國家約束彼此要捐助，而較窮國家則收受那些匯聚起來的錢財。

在當時，這些集體因應救援義務的行動，是空前未有的；是高尚的行動，與互惠責任的崛起相互烘托。沒半個國家質疑任何救援義務該不該做，而且群策群力。事後回想，沒有爭議真是了不起。

與這些新的聯誼組織及履行救援職責義務並行的，是全球領袖在一九四五年重新建立一種世界政府的原型、全球各國的集會。一戰之後建立的國聯已經失敗且停轉，於是成立聯合國，聯合國安理會用意在戒護世界秩序。安理會跟國聯一樣，儘管善意殷殷，但罕能發揮功效。安理會五個常任理事國這個團體夠小，可以讓互惠實現，但美國及蘇聯的意識形態兩極化，讓該組織無法建立開明利己所需的信任。弔詭的是，聯合國做得最成功的事，是轉化自己成為被排除國的聯誼組織，在那些聯誼組織無法強力發聲的國家，組成了「七十七國集團」（Club 77）。

道德世界受到腐蝕

這些聯誼組織靠互惠而運作，支撐它們的準則是忠誠及公平。隨著實用主義遭意識形態取代，兩項價值也遭「西高工富發」鍾愛的關懷及平等所汰換，接下來要求包容一切則基於需求。為了回應這麼高尚的雄心，聯誼組織都把自己的會員數及抱負給擴大了。

北約由最初十二成員國，成長到目前的二十九國，勢力範圍往東擴大。相形原始那群國家有些真純的互惠元素，北約擴張本質上算是美國把國防安全保障，供應給欠缺國防戰力的國家。歐洲經濟共同體由最早的六成員國俱樂部，擴張成二十八國的歐洲聯盟。法規的領域，由貿易及民主大為擴張，直到涵蓋大多數層面的公共政策。關貿總協自我解散，變成世界貿易組織（WTO），會員數擴大到全球都包下來，相應地法規領域也大為膨脹到農業、服務業及智慧財產之上。相同的還有國際貨幣基金已膨脹到幾乎會員遍布全球，撥款量也增加。

隨著這些界定嚴明的團體擴張，原先強化互惠責任的黏合劑開始變弱。1 接下來這些組織要不是變得沒那麼有效，不然就轉變為類似帝國的東西，由核心圈成員國經營，它們透過懲罰加諸下屬成員國，來執行規矩。有些組織走前一條路，另些走第二條。

先談第一條路，就是變得虛大無力。互助心即便在北約原始成員國之間，都告下降。目前二十九個成員國當中，僅有五個按組織規定，投入國內生產毛額的百分之二在國防方面。相應地，美國的投入已開始減少。但一個強力聯誼組織蛻變成無能而全球都納入的組織，其經典例子便是世界貿易組織。相形關貿總協前十七年間，達成六輪互惠貿易談判，世貿組織在成立二十三年之間，連一輪也辦不到。

現在談更有爭議的走向帝國之路。歐洲經濟共同體擴張成歐盟，國際貨幣基金由互助銀行變成貸款給窮國的全球基金，兩者都變成類帝國的實體，有些政府透過它們告訴其他政府該做什麼。在歐盟，原本灌輸以使命感而讓會員國

1　正因如此，英國政府才那麼介意歐盟的擴大。

遵守的開明利己，現已遭範圍廣泛的規定性準則所取代，準則由核心國團體制定、執行，而它們目前跟三群入盟的國家齟齬之中：東歐、南歐及英國。我不想對歐盟準則下判決，也不想誇大轉變的過程，由其他方面考量，歐盟還是一個價值無限的聯誼組織，而且有潛力，成就能夠更大。但毫不含糊地說，歐盟不再是互助的俱樂部，它已轉變成強國告訴其他國家該做什麼。

國際貨幣基金蛻變成有如世界銀行的全球基金，而世界銀行的成立基礎在履行救援的義務。按其本質，救援的義務既不是互惠也不該設有條件，但兩個組織變得被核心圈金主國支配，把義務化為權力。金主們先替援助開出條件，叫收受國採納特定的經濟政策；但是，這個點子本身就很糟糕了，又很快遭到政治性質很強的非營利組織所劫持。目前，西方援助就環保及人權等要求，經常把條件設定得太嚴格，即使在富裕社會都很難履行。舉個例子，世界銀行的一切專案都得有「環境影響評估」。水力發電專案變得不可能注資，原因是非營利組織認為它們侵犯人權。即便城市道路拓寬，都被西方人權倡議者擋下。[2]碳排放標準，強加在世銀給貧窮國家的專案，比起在高收入國家的要高很多——鑑於非洲電力嚴重短絀，這件事備受憎恨。[3]在此一樣，我不願誇大這種狀況：兩個組織依然造福極大，而且是主要工具，讓我們未來做更多好事。但它們已遭俘虜，待辦事項已不同以往了。

建設道德世界

我們互惠式聯誼組織及承擔救援義務的組織都需要，才能好好運作。我們需要聯誼組織，是因為父權的世界政府既不可行也不好；它想騎在大家頭上統治的各種嘗試，都會被不服從而反制壓倒。相形重振舊聯誼組織，要組成新而目的多重的聯誼組織，而反映當前軍、經力量的實情，可能更容易一些。如此的聯誼組織，應該能找到很多機會，提供互惠式責任造福全球。「二十國集團」（G20）跨幅夠大，但實務上它太大、駁雜又時作時輟，以至於功效不會

2 世界銀行總裁金墉跟我談到他的挫折感，好些投機者非法搬到本擬用做道路拓寬的土地，即便給他們可觀的補償了，人權團體的遊說依然強大到足以擋下擴路案。

3 有位退休而廣受敬重的非洲國家總統解釋給我聽，他說：「我對我的部長們講，他們絕不該拒絕世銀或國際貨幣基金，那麼做太危險了。但它們真不該一直做囑咐我們的事，害得我們無法信任它們。」

太大；另外，它還有很多搭便車國家的苦惱。「七國集團」較小較緊密，但目前它的成員國不對，排除了中國及印度。一個較小團體，由中國、印度、美國、歐盟、俄羅斯及日本組成，含納充分的全球經濟、軍事實力，以至於它的集體利益，就算非成員國選擇搭便車，也足以矯正全球大病小痛。而且，每個成員國都知道，假如自己選擇不勞而獲，那別的會員國也會如法炮製；大家都大到無法搭便車。

想組成如此的聯誼組織，會遭逢兩個挑戰。第一，這六造沒半個共通點，而它們的地緣政治利益有所衝突。然而，隨著全球難題浮現，比如氣候變化、疫病及國家危弱，它們漸漸會有共同利益。它們最後也會察覺到一個共有特色：它們、只有它們集合起來才夠大，能解決這些問題；同時個別來說，每個都太大，無法搭其他五個的便車。另一個挑戰可想而知，便是來自理想家有心無腦的反對。他們會問：排除在外的國家怎麼辦？只是，有個團體小到足以克服全世界集體行動的難題，其實很合乎排除在外國家的利益。只要六強非正式地同意，它們每個都得有所行動，其他國家也可以加入這些事業。六造迥異的特徵，確保任何課題，六造會同意做來損害其他國家，這種現象不會出現。我們需要的正是這種新聯誼組織，它要花好些年才能組織起來，但有效行動而解決全球重大問題這個基本邏輯，會漸漸驅使我們建立此種組織。

除開這些聯誼組織，我們還需要一些讓我們履行救援義務更有效的組織。這是我的專長領域：我成年後全用在試著鼓勵富裕社會的人體認出，我們對他人真有救援的義務。要履行那些義務時，我們一直做得很糟，想博得眾人喝采的誘惑，妨礙到實際成效。我們由下列例子便可以得知。

難民[4]

我從難民入手談我們的救援義務。目前世上有六千五百萬人逃離故鄉，原因是恐懼或饑荒，其中三分之一變成難民。他們奮力想回歸正常生活：找到能過慣常生活的地方；找個工作養活他們的家庭；與來自他們社區的其他人群聚而居。這些需求都很合理，只是難民鄰國的政府想滿足他們或許有困難。鄰國極有可能自己的公民都很窮，而發現很難滿足難民們的需求。

各社會對相鄰社會確實有責任，責任本質上屬互惠，成效可以大於不求互

4　本節文章以筆者與比茨二〇一七年合著的書為本。

惠、只救援的義務。只是碰到大災難，劇烈到讓難民大出走，那麼全球也該負起救援義務。一個鄰國出現難民集中地，假如你放任它自生自滅，那麼鄰國大有理由抱怨。雖說它應該允許難民穿越國界進入其領土，但你的國家卻較為富有，兩造應能合作，符合邦誼之責、拯救之責。在此我們該傾聽情感的原則，它敦促要跟毗鄰危機地點的社會「團結起來」；也要遵守理智原則，它要求我們依照相對優勢，分別承擔我們的責任。

理智給的忠告並不複雜。毗鄰的社會就提供庇難所而言，地點最佳，就在隔壁，難民容易抵達以及返家，同時地理可能夠相似，能提供難民熟悉的環境。誠如我寫過，最近一次難民移動，是由委內瑞拉到鄰國哥倫比亞。富裕社會擁有跨國大企業，可以引進工作及金錢，既幫助難民家庭過渡到自給自足，而且補助收容國因此招致的任何成本。這一點比起近些年紊亂的難民政策，堪稱未來的策略。

愛滋病患者

一個社會內部互惠的力量很強，讓我們對同胞產生的責任感，通常超過對世人的。但有的時候，我們對另個國家某些公民的責任，要超過對該國其他人的責任。窮國愛滋病患者便屬這一類。隨著現代反轉濾病毒藥物出現，感染人類後天免疫不全病毒（HIV）的人，可以過上正常生活好多年，每年這方面開銷不到一千美元。法國總統席哈克及美國總統小布希這一項道德值得推崇，他倆認為，人類若是有救援的義務，就是這方面。沒有這筆援金，數千沒沒無聞的非洲窮人只能扔著很快就死掉。兩位總統瞧出，他們的國家夠有錢，人們集體上願意捐錢給這種救命的開銷。

那麼，「西高工富發」的反應又怎樣呢？受功利意識形態浸潤的衛生經濟學家反對這樣用錢。他們完全無視救援義務的道德力量，主張同樣的金錢可以拯救更多人活更久，方法是對其他很廣的疾病，進行預防干預，而略微減少死亡率。讓感染愛滋病的人全死掉，較符合成本效益。同一時間，有心無腦的民粹人士則鼓譟著反對另一種顯然可以救命的方法。人類後天免疫不全病毒通常是通過性交來傳遞的，假如可以說服人們，性伴侶不要太多，傳染率自然會大幅降低，烏干達總統穆塞維尼（Museveni）向全國廣播而成就的正是如此。但改變性行為的宣傳遭遇反對，原因在它們可能無意間污名化那些感染愛滋病的人，暗示他們對自己行動的惡果，該負一些道德責任。請記住，受害人無法擔任道德行為人。

拯救大眾免於絕望的義務

當前很多非洲年輕人有個憧憬，就是逃去歐洲。這真是悲劇，顯然也不是解決大眾絕望的可行方法，另外，最傑出、最優秀人才的出走，經常讓一個貧窮社會的難題更為惡化。一個講道德的世界裡，每個社會都應致力提供可靠的希望給它的年輕人。富裕社會的角色並非誘惑一些傑出年輕人，來我們的社會過著邊緣人生活，而是把機會帶給很多留在自己故鄉社會的人。

一切救援義務，始於尊敬那些獲拯救的人。救援的重點，在恢復並加強自主權，而非申張權威來壓倒人。國際援助不該設下一大堆好心但雜亂無章的社經條件，反而應該著眼於吸引講道德的公司到那些極為缺乏好公司的社會，同一時間遏止貪腐企業的活動。弱小國家迫切需要現代企業能提供的工作，但願意前往的好公司沒幾間，市場小風險高，叫它們敬而遠之。想改變這一點，要用公共資金來補償企業，原因在它們創造就業而帶來公眾利益。二〇一七年，世界銀行及英國率先使用援外資金來支持它們的機構——國際金融中心及疾病管制局——而與企業合作。有心無腦的民粹對此的回應是驚駭：援金被轉向了，不再用於博版面的前提。

結論

理智結合熱情可以務實地指引我們組成新的互惠聯誼組織，而適應山雨欲來的全球焦慮，另有效地幫忙需要救援的人。上世代的世界領袖接手的局勢，遠令人怵目驚心，但兩項都有成就，把改善得多的世界贈送給下一代，離完美雖遠，但已轉變多多。那份遺產卻叫繼任人掉以輕心，沉溺於意識形態及民粹。目前我們正為因此導致的聯誼組織削弱、救援的義務變得渾濁，而付出代價。但假如我們回歸務實的手法，不僅可以恢復講道德的世界，我們還可以讓它優於以往。

三

恢復包容的社會

第七章

地理分裂

勃興的大都會，破產的地方城市

倫敦、紐約、東京、巴黎、米蘭。環顧西方世界，這些大都會一直超前全國其他地方，而且這條加寬中的分裂赫然在目，不管我們以收入、就業成長或房價來衡量，都是如此。這是相形晚近的事，始自大約一九八〇年；在此以前，區域之間收入差異本來一直在縮小。美國堪稱經典，長達一個世紀，城鄉貧富差距一直以每年近百分之二的速率縮小。然而自一九八〇年以來，除了發現都會區大為成功以外，還瞧見很多省會城市受苦於經濟突然下跌。經合組織的新研究發現，在高收入國家，過去二十年間首善地區與其他大部分地方，兩者間的生產力鴻溝擴大了六成。英國也是典型：自一九七七年以來，人口每年都由北往南漂移，而且收入差距持續擴大。一九九七年，英國省分地區的總經濟，要比倫敦大四．三倍；到了二〇一五年，已變成三．三倍。

這種狀況在新的政治分裂中上演得淋漓盡致。各省的怨恨不滿，大都會則以蔑視又自信來迎擊。美國有個常用蔑視詞「飛機經過不停的城市」，最近才被《金融時報》政論家甘尼許（Janan Ganesh）引用的「跟死屍銬在一塊」所取代。由這些詞彙，看得到同理心嗎？互惠責任感到哪去了？那些善良人性遭粗暴拋棄，隨著以往團結都會與地方各省的共同認同淪喪後，一起蒸發消失。都會區投票強烈抵抗一些敵對攻勢如川普、英國脫歐、勒朋及「五星樂團」

（Five Star），而破敗的城市卻覺得它們很叫人心動。

那麼，究竟是什麼經濟力量在擴大這道裂隙，而我們可以怎麼做來因應？

驅動這種新分歧的是什麼？

好些力量導致這種都會與各省的分歧，而奠基的是兩種簡單關係，它們回溯到工業革命。第一種是生產力與專精化的關係，俗話就是「邊做邊學」。人們專門做較少的項目，更能發展出較深的技術；另種關係介於生產力及規模之間，俗話就是「規模經濟」。

為了利用規模及專精，人們必須群聚到都市來。對一家營運達規模的公司，必須有一大群工人、一大群顧客，設址在其他類似公司附近。隨著工人專精化，他們必須在其他擁有互補專精技術的人附近工作。城市提供地利之便，讓這一切能連結起來。但聯絡方便的城市必須大額投資於地鐵、道路、多層式大樓、機場及鐵路樞紐。直至一九八〇年代，只有歐洲及北美的城市負擔得起。

由這種連結簡便衍生的生產力，報酬十分驚人，很多城市發展出某些特殊產業的企業聚落，讓它們能橫行全球。我的故鄉雪菲爾德就建立如此星羅棋布的專業鋼鐵廠，以及相應極專業的勞動大軍。到了大約一九八〇年，一名身處這種城市的標準工人，相形世上其他沒有產業聚落的地區工人，其生產力要大很多很多。因為收入往往對應於生產力，城裡人的富裕程度也大得多。

大約自一九八〇年起，這種情勢遭兩個同時發生但有別的過程打斷：知識大爆炸及全球化。知識爆炸讓專精及都市化之間的老關係力量暴增，導致最大城市成長壯觀。全球化開啟新契機，可以利用規模經濟的利益，但也讓既成聚落接觸到新的競爭，有時導致舊聚落的式微。

知識革命及大都會的興起

自一九八〇年代起，知識經濟以指數速率膨脹。這種現象的動力，部分來自大學進行的基礎研究前所未見地成長，部分則是大企業大舉進行互補式的應用研究。駕馭物質造福人類的潛力，只受限於物理的基本定律。將這個過程以爬山為比喻，我們現只在山腳而已，原因在想掌握物質世界是極其複雜的事。新發現一而再再而三，我們涉險進入這個複雜世界，而逐步革新生產力。我們人類的能耐有限，要想駕馭複雜，唯一之道便是讓才智最高的人變得更為專精。最後一個可以認真宣稱自己通曉所有知識的人，大約在十五世紀就滅絕了。今天，人類中最聰明的人對某個窄小領域浸淫極深，已抵達學域的邊界，相應的則是距離其他別的學域疆界愈來愈遠。這一點不僅對學術研究是如此，有商業價值的技術亦然。舉個例子，法律變得更複雜了，以至於法學專業已界定得更精細。大學擴張，衍生出來的不僅是學術研究，還有學養能駕馭那些技術的畢業生。

但是專精與都市的基本關係依然適用。極端專業，只有在不同專家彼此靠得很近時，才有生產力。所以，愈是專精，就需要能互補的專家結合成更大聚落，還要有管道，通往相應人數更大的潛在客戶。在倫敦，一名專精的律師與擁有其他專精的同儕很近，距離需要其專業的客戶還有法院也很近。同一位律師若執業於小鎮，那麼一年大多數時間會投閒置散。

專業群聚，要靠大都會提供絕佳的聯繫力。倫敦及其衛星城市囊括英國兩大國際機場；首都還有歐洲之星高鐵直入城內，而聯通巴黎及布魯塞爾。倫敦還是全英鐵路幹道的交叉點，大多數高速公路也匯聚於此。倫敦有地鐵，在中倫敦（Central London），尋常工人可以在四十五分鐘內，與其他二百五十萬工人的任何一位聯繫碰頭。倫敦另是政府所在地，所以仰賴公共政策近水樓台的任何活動，最好就設在當地。

國際商業障礙被除掉，讓高專精民眾群聚的益處更為升級，潛在市場由全國擴大到全球。服務業群聚於倫敦，以往的主要市場是英國全國，目前則是全世界。所以，市場目前力挺律師們更為專精，他們的法律技巧及生產力相應地也提升，結果便是他們的收入很可觀。

接下來，廣大收入極高的人口創造出一個服務業市場來娛樂自己。地點不遠很重要：餐廳、戲院、精品店擠進大都會，以滿足錢很多但時間很少的人之一時衝動。這種奢華叢集進一步吸引全球富人湧入。倫敦、紐約、巴黎都住有億萬富豪，他們在別地發大財，卻樂於來大都會享樂花錢。

你瞧——勃興的大都會！

全球化革命及各省城市的沒落

上述描寫的光景，跟雪菲爾德、底特律或里爾市的際遇無關。我記得一九六〇年有位訪客來雪菲爾德時說：「哇！這個城市真富庶！」到了一九九〇年，已經沒人會那麼說了。

城市群聚世界級的企業，比如一九六〇年代的雪菲爾德，對新競爭者便具有很大的優勢，但並非牢不可破。雪菲爾德就產鋼而言並沒天然優勢，能吸引企業聚集到該市的特點，在它有湍急的河流，可以推動滾輪；到了二十世紀，它唯一優勢便是已駐留當地的企業及技術工。各公司留下來的原因，在於別的公司也在當地。勞工大軍有生產力，但生產力反映在工資上，所以企業獲利並非特別高。

在地球的另一端，一個崛起中的經濟體南韓，正興建新的煉鋼產業。等到南韓建立起自己的產業聚落，它還有一個不同的優勢：勞動力便宜得多。到了一九八〇年，在南韓煉鋼比起在雪菲爾德，已變得較有利可圖，因此南韓企業在世界鋼鐵市場中，開始贏過雪菲爾德。雪菲爾德煉鋼業開始萎縮，而南韓的開始擴張。隨著雪菲爾德的企業聚落萎縮，很多公司交疊在鄰近地區而產出、稱為「聚集經濟」的利潤，便告減少，結果便是成本上升。南韓群聚膨脹時，它的成本下降，後果像爆炸一樣：最早在喬叟《坎特伯里故事集》便著稱的雪菲爾德的煉鋼業，以驚人速度崩塌。煉鋼業技術工，其父執輩也是技術工，發現自己失業了，沒希望再找著要他們技術的工作。這種協作震撼下的人類悲劇，值得矚目，透過一部電影《一路到底：脫線舞男》（*The Full Monty*）而銘記下來。電影辛酸自嘲的幽默，襯映整起不幸的背景，傳神地捕捉到所發生的事。雪菲爾德是我的故鄉，我感覺這起經驗好苦澀，然而它在很多一度繁榮的城市重複上演，比如斯托克（Stoke），當地由威治伍德（Josiah Wedgwood）帶頭創立的陶瓷業聚落也內場了。這一些，再加上其他案例，比起美國底特律市一九八〇年代以來的遭遇，都算小巫見大巫。

那些城市有復甦嗎？右派意識形態信徒相信，只要政府不干涉，市場力量就會解決問題。很不幸，這只是意識形態的信仰而已。想取得真知灼見，我們得求教於專家。

市場對聚落的崩潰有所回應，但不是汰舊換新；相反地，一開始是住商地產的價格大跌。屋主的淨資產變負數，想搬去勃興的城市有困難，原因在房價遠貴得多。商用地產下跌，的確會吸引某些活動，但那些只是組成全國經濟下半截的東西：服務當地的大賣場、生產力低落而只有廠址非常便宜才能苟活的製造業，還有靠著地租便宜低薪零工維持的電話服務中心。城市充斥這些活動的時候，房地產價格及工資會稍有起色，但城市已走入死路。那些商業活動技術含金量低，因此勞動人口不再參與複雜的專精化，而不斷提升生產力。大都會裡超級巨星般的企業依然在科技的前端，因此都會人口受益於收入上升，但不管是科技或收入，都沒有消流到凋敝的城市。舉個例子，美國新數據顯示，高薪、高科技工人變得愈來愈強勢集中到最大的聚落。講得更炫一些好了，科技由領袖擴散給後段班的速率已經減緩了。

破敗城市現淪落到那種地步，不能再用「你瞧」這個熱情的感嘆詞了。

解決這種新分歧

前述分析有助於解釋：何以跨越所有先進經濟體，大都會都在高歌猛進，而很多省分城市受苦於黯然衰退。對此現象，我們能做什麼？聽來很熟悉的「解方」數目不少，意識形態信徒攬一攬就丟出一堆。話雖如此，它們只引領我們走到過度自信的死胡同。

就解決這種新分歧，民粹人士最瀟灑寫意。他們建議，既然分歧是新出現的，那麼讓時光倒流回它發生之前就行。他們用以辦到這一點的政策，便是保護主義，倒轉市場全球化。讀者冷笑這種回應法之前，我們應有所體認，它倒不是蠢到不驗自明。假如在某些重要方面，很多人認為過去確實優於現在，那麼採取策略恢復過往經濟，似乎既可行又安全。同一批人已學懂，不可相信樂天的保證，說什麼假如他們接受進一步的變化，到最後一切會變得更好。

只是，時光倒流的策略注定要失敗。關鍵原因在新興市場經濟體，比如南韓，已建立起新的世界級聚落，它們可沒半點興趣回到過去。全球化讓它們脫貧的程度，實為成就空前。假如南韓繼續支配鋼鐵業，不管英國用多大力氣在保護主義，都無法恢復雪菲爾德在世界市場的地位。那樣做充其量把英國鋼鐵市場交給雪菲爾德，但市場不夠大，無法恢復雪菲爾德一度擁有的高生產力。而且在過程中，英國鋼鐵成本升高，將損害需要鋼鐵的一切產業。

保護主義無法讓雪菲爾德復元，一大批限制性質的政策倒有可能逆轉倫敦的繁榮。誠如雪菲爾德煉鋼聚落經證實會遭別地方異軍突起所打敗，倫敦的金融聚落也可能被打扁。倫敦花俏的繁榮，對英國其他地區胼手胝足的努力，可謂一大侮辱，因此打扁它，或許英國某些地區還會歡心慶幸。只是這麼做，一樣是愚蠢的策略。一處大都會如倫敦，甚至比一塊油田還來得好——大都會永遠不會枯竭。這隻生金蛋的鵝或許叫人不高興，但比起扭斷牠的脖子，還有更好的策略。不幸的是：本書寫作期間，英國採行脫歐戰略，有可能導致金融部門協調一致，轉到歐洲其他城市；英國好像鐵了心，要把金鵝宰了。

何不改採揀金蛋的手法？換種講法，何不動用向大都會徵稅而取得的歲入，來重振各地城市？

碰到這種建議，每個意識形態信徒都可以大噴口水。右派會鐵口直斷說，加稅將引發遏制效應，同時嘟嚷著，反對把各省轉變成龐大的「福利街」（Benefit Street），充斥想不勞而獲的人，「跟死屍銬在一塊」。左派就熱衷於抽倫敦的稅一事會過了頭，無意間引發有戒心的公司大出走，導致聚集經濟解體。

左右兩派都有足夠的真相在自己那一邊，能說服追隨者，但真相的量又不足以稱為真理。右派感受到的真相是：轉變各省城市為福利街，不能當成目標。幸福感端賴尊嚴及使命，絕不只是你能花多少錢來消費。用公共福利來貼補沒有收穫感的工作，這種策略，並不能代替創造出需要技術的職缺，而工人能為自己熟練於該技術而自豪。所以，目標在有生產力的工作，不是公帑補助沒生產力工作的收入。左派感受到的真相是：那些吮吸高薪大都會專業酬勞的人，有幾個臭錢就覺得自己了不起，道德上叫人火大。這些人認為他們自食其力，而我打算指出他們並不是。

我提議的策略自然會分裂成兩半：一半是向大都會課稅，另一半是振興地方城市。每一半仰賴不同的分析與論述。

課稅及都會：「我們自食其力」，真的嗎？

課稅應該遵守道德及效率。道德在兩方面很重要，第一是道德的本質，再來是課稅若不符道德，會面臨抗拒及逃稅。效率重要的原因，在稅捐會塞進價格裡頭，例如消費者購買產品付的錢，就會高於生產者賺到的錢。如此的稅捐塞子會扭曲資源的分配，所以傷害了效率。

左派、右派意識形態認為，它們知道課稅已經極化及毒害了我們的政治，稍微動用實用主義，就能讓我們頭腦鬆綁：明智的新稅，可以就道德及效率兩標準上，擊敗現有稅制。

一項稅捐的道德基礎，就稅制而言，可能比效率更重要。稅務行政極其仰賴自願繳稅。要分析道德立論，標準的哲學方法便是務實析理。雖說務實析理是課稅政策的重心，但它不屬傳統的經濟學理論系統。結果便是經濟學家大致忽略課稅的道德面向。他們出任財政部顧問時，經常建議開徵破壞承諾的稅，原因在他們認為那些承諾真是愚蠢（他們的判斷很可能沒錯）。的確，經濟學家顯然在想，他們只消考量過收入不均，就已解決道德課題；而收入不均，是透過標準的功利派計算方式來分析的。[1]誠如海德特所見，大多數人認為公平（fairness）的重點在「按比例」（proportionality）及「賞罰」（desert），而非平等。然而它們遭到忽視。賞罰？算了吧，若是懶人的錢比勤勞工作的人少，那麼轉移金錢還是能提升「功利」。應不應得？算了吧：假如有人努力存退休金，退休時錢比一生花在海灘度假的人多，錢轉給後者還是提升「功利」。責任？算了吧：此時你應該全部都懂了。功利派經濟學家應留心，有些金錢轉移會有抑制效應，因此沒有效率，但他們不會承認那麼做是不合道德的。這種瞠目無視更廣大道德考量，其實是更大現象的例子，也就是「西高工富發」。

一旦我們認定，賞罰這個命題在稅務設計很是重要，那麼它對聚集經濟所得的利益，就有強大影響。最早瞧出這一點的人，是十九世紀美國記者兼政治經濟學家亨利·喬治（Henry George）。他闡述完自己的思想後，便引起轟動。

---

1 收入額外的每一元，按推定取得的「功利」較少，因此由高收入的人，把錢轉給收入較低的，會增加整體的功利，可以稱為改善。

亨利．喬治的宏大思想

喬治提出道德論據，支持對聚集經濟衍生的利潤進行差別課稅。他瞧出何以利潤因道德而有差別，歸結出合宜的政策，是向都市土地徵收加值稅。

讀者可以提出一系列問題而領略他的洞見。先由「誰由聚集經濟獲利？」開始。為了理解通透，眾所公認工業革命是這樣的：一開始，大家都是農夫。工業發軔於新城市，人們搬進來，到工廠工作。工廠的聚落成長，人們變得比務農時更有生產力，「聚集而增益」（gains of agglomeration）指的，便是這種額外的生產力。額外生產力反映在工資，原因是企業彼此競逐工人。但是，為了在工廠工作，人們必須住到附近，因此得向擁有土地、城市在土地上頭形成的任何人，租借土地。所以，搬去城市取得的利益，便是較高的工資減去地租（為了讓事態單純，我們假設：除了工資比他們原先務農來得高，人們在都市的生活與鄉間並無不同）。只要務農及工業間的生產力差異，要比地租來得高，更多人願意搬到城裡。但隨著他們那麼做，地租不斷被催高，過程持續到地租高到吃光整個生產力差異為止。到此時節，人們再沒誘因想搬過來；用經濟學術語來形容的話，就是我們達到平衡。但更興奮的是：我們歸結出強勁的一句話，而回答我們的問題：「聚集經濟的利益全以地租而歸給地主。」一位居政治光譜右端的人或許會心生不安，但請放心，這項分析並不是馬克思主義：喬治並非社會主義者。但他是精明的經濟學家；他死後多年，兩位經濟學者證實他的結論為定理。他們很得體地把它稱為「亨利．喬治定理」（Henry George Theorem）。

喬治接下來提出第二個問題，那在傳統經濟學框架裡是無法理解的，「地主夠資格取得那些利益嗎？」雖說經濟學家無法領會，但其他人倒是能懂。我們倒不需要什麼定理就能回答問題：我們要的只是務實析理。要了解某人是否夠格取得一筆收入，我們得回溯，找到導致他們取得收入的行動。只是，當我們由聚集經濟回溯利益時，會發現衍生利益的行動，每個在城裡工作的人都有參與；整體生產力的上升，人人都有貢獻。由聚集經濟而產出的利益，是因為大批大批的人群互動而來的，因此是集體成就，而造福大家，經濟學家把這件事稱為公共財。那麼，地主在過程中扮演什麼角色？他們做的一切，很可能只是躺在沙灘上曬太陽。的確，他們消磨時光的方式，很可能就是那樣。他們收取到那筆收入，原因只在於擁有土地，而人們湊巧群聚於那裡罷了。他們的活動，並沒參與聚集而衍生利益。用經濟學叫人困惑的術語，它被歸類為「經濟租」（economic rent）。

重點在於：按理性的道德標準，地主們沒那麼夠資格取得自己土地升值而衍生的利益，因為利益遠大於他們為土地付出的心血（假使有的話），也非反映他們經由儲蓄而累積的資本收益。這倒不是說他們半點資格也沒有。身為土地的合法擁有人，他們有權依財產權而取得聚集經濟而生的利益。但這一點，與所有城市勞工集體有權取得那些利益相衝突了；集體有權是依據賞罰。理性標準發生這樣衝突的時候，實用主義會叫我們妥協，而非陷入固執己見。課稅介入之時機，正在於此。假設社會同意，向一些賞罰與有權應得相符的人，課徵一定稅率，比如自耕農，他生產的農作物，既是他工作又是他擁有那塊農地的成果。假如公認稅率在百分之三十好了，那麼要決定因土地升值而取得的收入，該徵多高稅率，而反映聚集經濟所生的利益，我們應該把稅率訂在比百分之三十高得多。這可以反映這件事：地主對這種收入的主張權，力道遠弱於自耕農對自己收入的主張權。此外，唯有藉著向聚集經濟的增益課稅，使用這些稅款來造福整個城市，那麼造出那種增益的勞動人口，才能收到部分利益——而按上述分析，是他們應得的。

亨利．喬治的點子很早便用上務實析理，立足於區別出租金與其他形式收入之間的賞罰。他仔細分別出土地升值而生的租金，以及資本所得，而他認為後者理直氣壯：他的主張既非馬克思主義，也不是民粹。

喬治的觀點離經叛道嗎？相反地，他的道德良知轟如雷鳴，《進步與貧窮》（*Progress and Poverty*）變成整個十九世紀美國最暢銷的一本書。

很不幸……

亨利．喬治建立強大的道德立論，向都市土地的增值開徵重稅。雖然在大眾間取得迴響，他的政策卻從未妥善落實。那些因為擁有大城市中心區土地而發大財的人，反對因此而課稅。相形下，地主們沒整理出可資抗衡的道德論證，而採取的手法，是由他們暴增的財富撥些出來，去收買政治影響力。在英國，西敏公爵（Duke of Westminster）擁有中倫敦很多土地，他輕鬆地出任上議院議員，也成為英國最有錢的人。在美國有個人，他核心生意是交易紐約土地，是目前的總統。

開徵這種稅，時機永不嫌晚。選民目前教育程度遠優於亨利．喬治的時代，所以，建立一個政治同盟而克服既得利益的抵抗，應該較為容易。此外，自一九八〇年代以來，大都會大幅成長，反映出聚集經濟的利益大為增加。請記住，這一點是源自經濟複雜度大躍進，還有伴隨而生的技術異化加大。故此，目前聚集經濟可以拿來課稅的利益，遠大於亨利・喬治的時代，所以公共政策對此毫無作為，就變得愈發荒唐。我們沒課徵這種稅捐，反而卡在老舊意識形態造成的稅務爭執裡。

然而，掛在本節文章之首的「很不幸」，倒不是悲嘆當前公共政策的缺陷。它講的是同一種複雜性升高，既推動都會由聚集經濟取得新的利益，同時還讓亨利・喬治定理失效。他提議說，我們可以透過向土地徵稅而抓到新增利益，目前不再正確。向這些利益徵稅的立論依然強而有力，但要那麼做，必須聰明地重新設計稅制。支持前面兩個句子的研究，立論很新穎：是我同事雲拿保斯跟我研究一件乍看並不相干的事情，因而湊巧發現的（做學術研究經常發生這種事，令人稱奇）。我打算讓讀者感受一下發現新成果有多興奮，這些思想可以表達得相當簡單：的確，我們便是這樣子湊巧發現的。你可以參透兩個簡單的場景，便抵達這個主題的經濟思想最前沿：

場景一：都會中，工人的技術不同，住屋需求也不一樣

場景一是我們由務農走向工業的故事變種，相異之處，只在這一次有著不同技術及住屋需求的人，各自決定要不要搬到大都會。大都會提供的高連結力，讓技術更有生產力：你愈是高技術，那麼身處都會區更能提升你的生產力。但隨著人們搬進城裡，租金催高一如既往，那麼，誰會搬去，而誰又留在家鄉？狀況相當清楚，搬進大都會而受益最多的，是擁有高技術的單身人士。所以，專精企業法規的律師長時間於辦公室工作，而不工作的夜晚則待在城外，接下來再回到她的小套房，要比起於小鎮工作，生產力遠大得多，而且她不用把自己相應可觀的收入，花很多在租屋上頭。在經濟學研究裡，找出那些兩種選擇並沒造就差異的人，經常很有用。本案例中，選擇便是搬進大都會及留在小鎮。我們曉得，對他們而言，生產力的益處，恰恰好被必須多付的租金給抵銷，但這些人是誰？有些只是半技術工，他們單身，只要小套房就行，但他們賺的並沒比留在小鎮多很多。其他便是擁有高技術，但因為他們家人很多，需要很大的住居處所，而租金耗光他們額外的收入。這些人對本研究很重要（經濟學把他們稱為「邊際人」（marginal），原因在他們只算勉強願意住到大都會。假如地主要收更高的房租，這些人就會搬走，地主就會欠缺房客。這

些邊際人決定房東能索取多少租金。前述的企業法律師為自己小套房付的租金，跟租借隔壁小套房的單身半技工是一樣的。我們在此歸結出重點：那位企業法律師能夠取得聚集經濟的某些利益。

泛言之，因為技術及住居需求的差異，很多聚集經濟的利益不再歸給地主，而由高技術單身、不需要太大房舍的人拿走。雲拿保斯與我模擬大都會如倫敦或紐約發生的狀況，發現聚集而生的利益，大約半數由那類人取得，而非地主。若是我們再加入另一層差異，也就是列入較小城市，那麼地主取走的利益成數進一步下跌。最重大的後果便是：不管政府向地主課多重的稅，都無法取得聚集經濟的大部分利益。

這種新狀況很不妙，原因在支持課稅的道德論調依然很強。我馬上勾勒第二個場景，以便瞧出這一點。

場景二：大都會需要法治

這幕場景更逼近事實好幾步，而且點出的重點更強而有力。世上有兩種產品，即食物及勞務，還有很多國家。食物在各地都能生產，但勞務只能在那些有法治的國家產出。讀者大可把法治設想成代表政府在很多方面都管理完善。

接下來，法治仰賴一般公民的合作，一起努力支持它。假如每個公民袖手旁觀，把守法留給別人做，也就是說，假如人人都想不勞而獲，法治這項公共財就不會出現。碰到這種場合，人們在大多數社會裡都想不勞而獲，法治這項公共財就不會出現。結果便是，唯有很少數擁有法治的社會能生產勞務；別的社會裡，大家只生產食物。

聚集經濟的利益適用於勞務，但是不適用於食物，因此在那些少數有法治的社會裡會出現大都會，而勞務在當地生產。因為能夠生產勞務的國家沒那麼多，因此勞務在世界市場銷售，溢價會比食物高。所以勞務出口國，比起食物出口國，會更為富饒。

接下來，我們探索哪些人在出口服務的國家，會受益於這種富饒。假設所有國家當中，工人有兩種：一是異常聰明的人，二是剩下來的芸芸眾生。再假設聰明無益於務農；相形下，聰明可能對生產服務很珍貴，但端賴多少聰明人群聚在一起。一個聰明工人在服務業裡受孤立，並不比一個農夫更有生產力，但愈多聰明人聚集在大都會裡，他們變得愈有生產力。最後，我們加入常見的租金現象：聰明人擠住到都會裡，租金升高。

那麼，誰由群聚經濟獲利，而他們夠資格拿嗎？誠如前一個場景裡，利益由生活於都會的工人及地主分享，我們大概猜得出這種區分想怎樣，但就當前目的而言，它並不重要。在這個場合裡，重點是只有一群人，堪稱夠格取得利益，毫不含糊，原因在只有他們肩負著對產生利益至關重要的行為，他們就是全社會的一般公民，集體維持了法治。但他們沒取得一絲一毫利益，有些利益被服務部門的聰明工人拿走，剩下的歸給地主。因為這群守法公民道德上很明確，有權拿到利益，但半無所獲，那麼課稅就有堅強理由。只是，跟前一光景一樣，單是土地稅無法課徵到大都會聰明工人拿走的利益。

這兩個光景有一重要的共通特色，就是獲利於聚集經濟的聰明工人真誠相信，自己有資格獲利。他們的信仰基礎，憑的是這樣的事實：自己收入高是因為生產力高。接下來，他們相信生產力高，是因為他們發展出很高的專業技能（場景一），不然就是因為他們異常聰明（場景二）。這些主張裡，實情含金量都夠，以至於它們對那些人如此方便好用，他們如此信仰可想而知。但這並非全部的實情。大都會的生產力，端賴整個國家已提供的公共財，比如法治，還有過去投資於基礎建設而提升聯繫力。這些事物雨露均霑，但它們造福都會區技術工大到不成比例。由更基本面來看，聚集經濟依其本質，是集體造成的。它們是數百萬工人互動的成果，並非個別高薪員工努力的成就。技能超好的人有權保留自己高生產力的一部分，但不是全部。另外，他們應得的部分，也不比沒住在大都會、生產力沒因他人而增加的人，來得更大。

以效率立論，支持向聚集經濟課稅

迄今我只考量向聚集經濟課稅的道德理由，但另外有個課稅觀點叫經濟學家很興奮，那便是效率。經濟學家對此感到興奮很正常，而且就聚集經濟衍生利益該課稅而言，經濟學這一行終於可以提供一些珍貴的見解。

最重大見解便是經濟租這個概念。所謂經濟租，便是任何歸給某人因為做某事的酬勞，超過原本促使他們去做事的金額。按我們先前的道德標準，這個概念應該說無關宏旨。一個網球明星就算某項巡迴賽事的獎金比她贏得的來得少，她也願意出賽，絕不意味她收下獎金名不正言不順。那位球星靠她非凡的才能賺到經濟租，但因為才能是她的，因此而起的獎金收入也一樣。只是，我們由道德切換到效率時，經濟租這個概念就變得很有用。按定義，向這種租開稅，不會影響工作意願，因此稅收不會犧牲效率。聚集經濟的獲利是經濟租；按效率的標準，是課稅的理想目標。

在所有聚集經濟果實歸給地主那種簡單情境當中，很顯然我們向他們的利益課稅，並不會以任何損及城市進步的方式改變他們的行為。你可能還記得，我們放任他們在沙灘徜徉；一旦我們課他們的稅，他們或許就得工作，跟我們其他人一樣。但即使在其他光景，向經濟租課稅有其效率。只租小套房的企業法律師高於房租的收入，會失去些許，但只要我們讓她日子過得比在小鎮工作來得好，她會繼續服務於大都會。與此類似的是，在第一個場景，我們可以向工作於大都會、生產服務的聰明工人課稅，而只要我們讓他們生活比起當農夫好過，就不會改變他們的行為。

談到稅務效率，發現經濟租不啻找到聖杯：有稅收而無連帶傷害。假如這聽來好到不太可能，你得鼓起勇氣：這麼做是為了變得更好。對此我們需要另個易於上手的經濟學概念——尋租（rent-seeking）。

尋租是種惡行，以下提個例子。假設有個立法機構把壟斷權頒給一群生產者，該立法機構幹麼那麼做？原因在立法者碰到遊說，還有利益回饋的誘惑。那條法規就衍生租，而遊說行為便是尋租。傑出經濟學家安妮・克魯格（Anne Krueger）指出，遊說及其他尋租行為會攀升至這樣的程度：多花一塊錢在上頭，只產出額外一元的租。花在尋租的資源完全是浪費。

聚集經濟的獲益都是租，那麼，它們會吸引尋租嗎？經濟學家從沒提起這個問題，他們無視它有個簡單理由：假如亨利．喬治定理沒錯，利益全歸給地主，那麼就沒有尋租的餘地，土地供應量固定，因此不會聽從遊說或其他任何行為。但假如亨利．喬治定理有誤，一個大都會裡，聚集經濟的大多數利益被那些有高技能而住居需求小的人拿走，突然間，尋租的機會大行其道。人們爭著遊說關係好的親戚而找到工作；付家教費惡補，讓他們取得更好看的學歷文憑；他們跑幾百場面試會談；或者，他們延緩結婚、生小孩的需求，而緊縮住居需求。這些行為每一種都屬尋租。為了競逐攫取油水多多的聚集經濟租，人類行為扭曲了。尋租並沒做大整塊經濟大餅，它只讓職涯中期的人針鋒相對，招致整體幸福感的損失。由尋租而生的損失可能十分巨大。

藉著向聚集經濟所得課稅，我們會降低尋租行為的壓力。取得大都會那份工作還是值得去做，但因為沒那麼有利可圖了，人們較不可能被迫用極端手段。延後生小孩，只為了還能住在倫敦或紐約的昂貴公寓，似乎犧牲太大。我們勃興的大城市裡，目前聚集經濟的租大到叫人頭暈。爭奪它們不僅可能叫爭奪者受害，光是這種動能，或許就會令人盲目，看不見自己對一生造成無可挽回的傷害。

湊合起來：該怎麼課徵聚集經濟利益的稅？

目前一般都認為，大家正察覺出：向經濟租課稅是明智之舉。近來倡議這麼做最有影響力的人，便是諾貝爾經濟獎得主梭羅（Robert Solow），他另是經濟成長理論的奠基者。梭羅主張經濟租已經增加，課稅應由課所得稅轉向課經濟租。既然梭羅這麼保證，此時我將把論述的兩大區塊湊攏起來。向聚集經濟所得課稅，這項政策就道德及效率兩方面都很明智。兩項標準都很重要，而且別種稅，很少能一次滿足兩者。

立足於道德，向都會聚集經濟利益課稅的道理強大到非比尋常。徵收某種稅，我們充其量能希望的，通常只是說稅負大家公平分攤，但在這個案例中，為了讓利益與賞罰更為一致，從這些租之中課稅有其必要。與此類似的是，按效率立場課徵一種稅，我們充其量能盼望的，是它造成的連帶傷害很少。能滿足聽來那麼寒酸條件的稅，真是少之又少，但是向集體經濟所得徵稅，甚至可以增加效率，原因在遏止尋租。

按實際條件來講，最中肯的問題是：這些利益要如何課稅？請記住，利益分布在地主及城市技術工。因此，想透過課稅抓住這些利益，必須向這兩群人差別地徵收高昂賦稅。

明智的出發點，在收取土地及房產的增值稅。最好的做法是每年按百分比徵收土地及房產的價值（每年徵收房地產稅，要比一次徵完增值稅來得好。原因在使用一次完稅的時候，開發商會推遲投資而增加土地價值，此外還投入資源進行遊說，歸咎說那種稅遏殺投資，而把稅負除掉。動用每年徵稅，這種策略性拖延的動機——謹嚴的措詞叫「期權價值」〔option value〕——就大為減少）。由這種稅目取得的稅收，應歸給國有：它們必須透過財政再分配，挹注給其他城市，那些城市被造福大都會的相同力量打擊得很慘。目前都會土地增值比起其他收入來源，非但沒課較重的稅，反而較輕。包括英國的很多國家，這種稅幾乎完全沒課徵。這在稅制設計上，比例錯誤十分重大。十九世紀，政治人物為「自食惡果的窮人」（undeserving poor）傷透腦筋。來到二十一世紀，政治人物應該為當初的政策疏忽後果傷腦筋；目前我們有成千上萬「不當得利的富人」（undeserving rich），不幸的是：其中不少人就是政治人物。右派想保護有錢人；左派恨不得把他們烤來吃。我們必須區別有錢人，有些對社會極其有用，另些僅僅只是攫取集體努力的成果而已。

但我們研究的癥結點在：很多經濟租並沒給地主，而是歸給大都會的技術工。要捕獲這些租，稅制要創新：稅率必須不光因收入而有差異（目前只看收入高低），還必須結合高收入及地點在大都會。

大都會技術含金量低的工人沒斬獲任何聚集經濟租。絕大多數這類低技術工在各省謀生，因此在倫敦做低技術工、替律師調製早晨咖啡的人，能賺到的錢大概就跟各省的一樣，外加額外的金額，必須補足在倫敦租小套房而超出在各省租小套房的差價。所以，向那些收入寒酸民眾課徵的全國最低稅率，一樣適用在大都會做那些工作的人。但是，高所得、只租小套房的企業律師確實有攫取到聚集經濟的租，而應該與他人分享。因此，她比起工作於各省、沒能取得經濟租的人，應付較高稅率，這一點並不奇怪。若她工作於紐約市，比起在較小城市，賺取相同金額，目前要多付百分之八的所得稅。她繳那樣的稅，是因為在紐約市工作，即便她住在市區之外。假如她工作於倫敦，就不必付——但她付得起。經濟租的課稅率很輕微，那麼決定在哪兒就業，便很少因地點而改變，所以這種稅的殺傷力比起現有很多稅輕得多。當前的挑戰，應該是計算出都會高所得工人要付多高的補償稅（這一點用現代財政分析技巧，是完全辦得到的），接下來效率成本便可以跟當前稅率相比。紐約市目前已在做的，跟這種提議，兩者間的差別只在稅金歸給何處。在紐約市，由所得稅徵來的稅收有百分之八歸給市府。依我提議，稅收應給國家，俾利於如底特律、雪菲爾德等都市的復甦。

凡此種種意味著，基本稅率，也就是大多數人唯一繳的稅，該繼續使用在全國。但適用於較高收入的稅率，應帶有一份大都會補償的性質，而鎖定高技術族群攫獲的聚集利益租。因為聚集利益讓技術含金量最高的人受益最大，那麼補償金額依收入等級提高，應漸進增大。

因為稅務機關知道人們在哪兒居住及工作，依實務條件，這件事做起來直截了當得令人稱奇。的確，誠如紐約這個例子，很多稅目已經按地點而有差異了。[2]最可能的障礙，在富裕的都市居民有著不成比例的政治影響力，尤其是透過立法機構，他們有極強大的代議力量。雖然他們把自己的道德自我價值估得很高，但我提議課徵那種道德公正、經濟有效率的稅，很可能會碰到自以為是的義憤填膺。但請回想，因為我們要課經濟租的稅，那麼可想而知會碰到大

2　在美國，所得稅在各州與城市之間有異。在英國，目前所得稅在蘇格蘭與英格蘭有別。本書目前的提議有別於這些稅制的地方，不在稅務行政，而在由此產生的稅收要怎麼撥派。

談抑制及賞罰的論調。要有心理準備，「有動機析理」將如雪崩般湧來。稅制不光是講道理而有正當理由，它還是對這種都會新驕橫的恰當回應。

振興各省城市：「跟死屍銬在一塊」？

雪菲爾德、底特律及斯托克之流的城市，如何才能重振旗鼓？向大都會課稅的目的，不在注資給那些地方的居民當福利，而是用做成本，讓它們恢復為有生產力工作的聚落。誠如我們已知，市場是不會用新的聚落來取代破敗的聚落，而讓城市充滿沒生產力的活動。但市場為什麼無法產生新聚落？而且，假如市場辦不到，憑什麼我們認為政府辦得到？

一個成功的聚落，是很多家不同公司都位在相同地點，有些甚至還是競爭對手。群聚在一起，讓它們能獲利於共同的規模經濟，也都受益於成本的降低。一個聚落一旦組成，市場力量會維持住它；沒有企業想要離開，原因在它知道明天其他公司還會在那兒，而非別的地方。但是，要組成一個新聚落，得花的心血遠大得多。正因為公司彼此依賴，那麼一家公司若是估計其他很多公司準備搬到新地點，那它遷移的意願就會大得多。但那家公司如何曉得別家會不會那麼做？假如有公司當先鋒搬走，另家企業或許會跟進，成為聚落裡的第二家；假如發生那種狀況，還得看看會不會再來一家，變成第三家。只是，沒有市場機制會促生及透露搬遷決定。聚落的形成，面臨協調的難題，而因要有協調人。矽谷沿著史丹福大學協調形成；在沒那麼受青睞的地方，有什麼能吸引聚落呢？

民間部門解決協調的方案

會出現協調問題，是因為每家企業的決策都要依其他企業而定。在經濟學，這些效應稱為「外部性」（externality）。因為外部性影響其他企業大於公司本身，所以決策時沒被考量到。但這種交互依存的確有市場解方，一是在地深耕（think local），另一種則是致力擴大（think big）。

在地深耕……

經濟體有個部門，它的天生角色就在協調各公司，它就是金融部門。金融部門發揮最好時，可以超然悉見企業界的資訊，放眼未來機會而撥派資本。一家業務依法局限在某個城市的銀行，它會了解自己的未來，全靠當地經濟能夠成功。銀行自己就會內化許多效應，而那些效應對銀行融資的每個企業，都是外部效應。為了讓放款不會叫銀行倒閉，它必須好好了解一家又一家企業的交互依存及商機，因此這種銀行與第四章描寫的金融部門差別很大。這類銀行只是幻想嗎？正好相反，在一九九四年修法之前，這種銀行在美國是常態；至於英國，歷史還更悠久，諸如密得蘭銀行（Midland Bank）、約克夏銀行（Yorkshire Bank）等銀行的名聲，見證過去在地深耕。而且，地方銀行今天在德國依然常見。政策改而相挺全球性銀行，本可以提升融資潛力，供應給需要新產業的大城小鎮，方法是讓它們有管道取得更雄厚的資本。但在實務上，全球性銀行就投資於了解地方一事，沒什麼誘因。當一個城市開始萎縮，那時它們的地方分行就接獲指示，減少信貸，收回來的錢則搬到其他城市。回歸在地深耕，可以讓金融部門得到誘因，扮演自己對社會有用的角色。那個角色便是產出並判斷資訊，知悉經濟實情。

致力擴大……

協調的需求，可以用巨型企業作為手段而解決。一家企業如Amazon是如此龐大，它依自己的營運，收穫足以媲美一個聚落的規模經濟，要打頭陣資格十足。這種企業本身就是一個聚落，公司的所在地，就收容得下一批支援的供應商。大多數產業裡，規模那麼大並非妙不可言：群聚效應很可能因為經營龐然巨怪的種種困難而抵銷。所以，大到足以自成聚落，是很罕見的事。這種企業的數目，遠比破敗城市來得少；那些城市的市長巴不得有家巨型企業進駐當地。破敗城市成功吸引巨型企業，這個問題也有市場解方，但不太漂亮。一家聰明的巨型企業想找新地點，會組織「拍賣會」，各城市在其間競逐取得該企業這個大獎。獎品的價值，是聚集經濟產出利益，由新聚落而讓城市受惠。新研究拿贏得「拍賣會」的城市來比較輸家，證實聚集的利益真有其事。拍賣理論告訴我們，勝出的標金會是多少：其實標金跟獎品相等。[3]所以，市場「解決」破敗城市面臨的協調問題，辦法是把新聚落全部的增益，全交給創造聚落的巨型企業。筆者成書之際，Amazon正在美國城市之間辦拍賣會，決定新總部落腳哪裡。該公司大到足以重振一個破敗城市，但也無恥到足以把這些好處全榨給自己享用。

3　標金甚至可能超出獎品的價值，這種現象叫做「贏家的詛咒」。

公家部門解決協調的方案

由政府擔任商業決策的協調者，市場基本教義派人士想到這個，一股寒氣就由頭頂灌到腳底。只是，我寫作本書這一段時，人在新加坡，由書桌可以看到這座富庶非凡的城市全景，它是由公家計畫完成的。一九八〇年我首次來訪，新加坡剛調升最低工資，以便把政府認定為遭瘟的成衣產業趕出去。這項政策受到市場基本教義派抓狂地批評，說最低工資只會產出高失業率。在美國及歐洲，政府擔任協調人，紀錄的確很尷尬，造成政治扭曲；但東亞堪稱可貴的救贖矯正——政府協調真能奏效。新加坡國父李光耀既懂經濟學，又懂聚集經濟的道德。他的政策反映出這一點：「私人地主憑什麼應由土地增值而獲利，我瞧不出有什麼理由。土地增值是因經濟開發、公帑支付基礎建設，才造成的。」

這個手法表面上似乎造成最小的扭曲。假如大都會得碰到補償式的課稅，那麼何不用稅收，來周轉破敗城市裡繳稅相應減少的企業，接下來才讓市場決定哪些企業搬去什麼地方？然而，這樣做並沒有解決協調問題，也因相同理由，一旦聚落形成，市場力量能維持它們，可市場並無法建立聚落，這個問題也沒有克服。打先鋒的企業知道前往破敗城市，自己可以少繳稅，但無助於它了解哪些企業會搬，要搬往哪裡，還有何時搬。市長們依然別無選擇，只能競標巨型企業。只是此時巨型企業的拍賣憑添轉折。因為所有破敗城市都有這種財政優勢，它們依然有相同誘因彼此叫價，想贏得拍賣。一如既往，巨型企業斬獲的款項，相當於它給得獎城市的價值，但此時它還能取得稅金補貼當成紅利。那麼，怎樣做才管用呢？

補償先鋒企業

破敗城市必須吸引的企業，其能量足以吸引追隨者而開創一個新聚落。然而，這類能開疆闢土的企業為數很少，原因在除非別的企業跟進，否則它們很可能破產。即使其他企業跟進，打頭陣的企業相形後來的，依然處於不利地位。先鋒企業想聘請技術工的時候，可能找不到。當地工人遇不著需要那些技術的企業，怎可能有那些技術？因此，先鋒企業必須由別地引進技術工，如此他們可以逐步訓練當地員工，而那麼做的成本可能很高。但假如有第二家企業決定到同一城市設廠，它要招募所需的技術工會順遂一些——可以挖角先鋒企業已訓練好的一些員工。結果便是第二家企業的設廠成本，要比打頭陣的來得低，讓它的投資報酬較高。

換句話說，聚落的先鋒企業面臨通稱的「先驅劣勢」（first mover disadvantage）。這一點很特別：更常見的是先鋒企業享受到「先驅優勢」（first mover advantage），但那種優勢只適用於新市場、新科技的先驅。率先進入市場的企業比起後進，要搶先安營紮寨，原因在它建立起品牌忠誠度——「胡佛」（Hoover）家電便是如此；率先搶占某一科技讓該企業能註冊專利——想想蘋果就知道。但假如一家企業率先進入新聚落，而用既有科技，販售產品於既有市場，那它得負擔成本，後進企業卻可以避免。

然而，對一個破敗城市而言，聚落的先驅對社會很珍貴。那麼，對前述問題該怎麼辦？因為打頭陣會衍生外部性，那麼這種公眾利益，應由公帑取得補償。就原則來說，這直截了當，但要落實得靠稱職的公家專門官署。要怎麼做才最好？

開發銀行

往好目標撥錢是一回事，要花得有效率是另一回事。把公帑挹注到投資企業的官署，便是投資銀行，而它們受委託的任務，便是投資於民間部門，而促進某些官方目標。大國政府都有開設這類銀行，歐盟就有一家，規模龐大，叫

「歐洲投資銀行」（European Investment Bank）；日本與中國也有相當的機構。受託專責振興各省城市的開發銀行有可能擔當媒介，而使用新開徵來的大都會稅收。有些開發銀行或許就達成使命方面極為成功，但另些卻墮落成貪腐的餿水槽。一切端賴它們是否有明確的受託任務、公職有無高標準的廉潔、從業人員毅然相信他們的使命並敢於面對現實的挑剔。「現實的」這個詞極其重要。投資營建聚落，是有風險的長期事業；一項投資是否成功，經常好些年無法知道，而且失敗案例會很多。開發銀行得向政治人物及公眾負責，除非它們曉得這一點，不然銀行會束手束腳而效率不彰。開發銀行想振興破敗城市，注資到可能讓當地勞工極有生產力的活動，必須大膽、投入、見多識廣。跟創業投資模式一樣，開發銀行的員工有時候必須投入日復一日的管理，而且有時候，即便動機心很強的員工投入某項專案很多年，最終都遭逢失敗。要評判一個投資銀行，只能依照它整體投資組合，以及長期紀錄（這些感想反映在我與諾博〔Diana Noble〕多次交談當中。諾博重新打造「大英國協開發公司」〔Commonwealth Development Corporation〕成為最有使命感的開發銀行，想把企業引進貧窮國家）。但是，鑑於傳統金融市場（見第四章）大致有很多不足，開發銀行只要找對人，仍值得一試。

為企業做準備：產業園區

唯有某個城市擁有合適的場地，可以由那兒營運，打頭陣的企業才會前往。企業可以買下遭棄置的大樓，按自己需要去調整，但產業園區可以提供一個聚落可能想要的專用空間及基礎設施。很多業者發現距離很近十分有用。一座城市在失去上一個聚落的過程中，出現一個地區滿是荒廢工廠，這是相當可能的事。公家資金可以挹注給一個機構，幫忙城市清理該區，而提供新的產業園區。

這類機構有個重大課題，便是整理土地付出的代價。一旦該機構進入市場，荒廢的土地突然變得較有價值。不僅因為機構標購土地，而且有望造出聚落，會提升土地的未來價值。顯然，因為該機構（而非地主）要為增值負責，增值應該由它取得。在英國，這項原則寫入一九八一年的《開發公司法》（Development Corporation Act）。然而，法官沒受過經濟學或公共政策的訓練，精明的律師便試圖扭曲法條用語的意義——堪稱「有動機析理」而尋租的經典範例。在過去，精明的律師用這種方式打劫公帑便成功過：土地鑑價法的詮釋，變成在土地價值有涉官署與無涉官署之間找妥協，而且地主通常能夠攫取升值的偌大部分，但那些升值本該歸給官署。這種現象可以矯正，只是起草法條時應該小心，預先排除律師的腐蝕效應，還有法官能力有限，無法領略甚至照顧這種公共利益。

促進投資官署

創造並管理產業園區的官署對內打點城市及其附屬機構。而促進投資官署則對外接待有可能前來該城市的企業。假如真像右派認定那般，市場運作完美無瑕，那麼促進投資官署就是浪費錢。但愛爾蘭人更懂事。一九五〇年代，愛爾蘭還是歐洲最貧窮地區之一。為了掙脫困境，愛爾蘭政府率先辦了鼓勵投資機構，而該官署就吸引國際企業及就業機會，做得異常成功。[4]該官署組織起一個團隊，研究有望吸引的產業，與潛在的企業營造關係，再設法爭取較大企業中的一家，來當可望「定錨」的投資人。

其中有一家表示感興趣，「愛爾蘭投資局」（Irish Investment Authority）接下來與它共事，學懂如何料想到該企業在愛爾蘭營運會遭逢的麻煩。投資局了

4　我得感謝薩頓（John Sutton）教授對這件事知之甚詳，本段文章根據他而寫作。薩頓是倫敦經濟學院經濟系主任，也是產業經濟學泰斗、自豪的愛爾蘭人。

解該企業業務的某些知識以後，便試著預先解決未來的麻煩，向其他官署如地方政府建議，可以做什麼來幫忙。投資局與企業的關係，不是取得企業投資就結束。原先奉命了解該企業業務的局裡雇員繼續跟企業走得很近，試著找出進一步商機。逾半進入愛爾蘭的外資，都源自接下來如此的擴張。

顯然，促進投資官署與管理產業園區官署必須彼此協調，原因在各自擁有利於對方的資訊。但它們的角色分得夠清，足以成立有別的官署。

知識聚落：當地大學

今天大多數省級城市設有大學，而大學就重振城市一事，應扮演吃重角色。雪菲爾德煉鋼業崩潰後，勉力恢復元氣，大多要歸功於城市很幸運，擁有兩家受敬重的大學。有些學科很適合產出能用在商業的知識；有些活動特別有助於群聚現象，知識便屬其中之一。知識進展經常發生在某個人把兩項以往有別的進展連結起來的時候，因此與其他學者距離很近很有益處。知識也不光只由基礎研究流往工商運用，經常是基礎研究派上用場了，人們才曉得自己該去哪兒進一步求經，所以，大學與運用知識的公司行號距離很近，兩者都能受惠。史丹福大學與矽谷相連結；哈佛及麻省理工學院與波士頓的富裕相關，都是這種經典過程的發揚光大。

然而，有些學院派會妄自尊大，提倡純學術，不受應用界污染。當然，一個富庶社會應把資源用在那種純學術之上，但設在破敗城市裡的大學應該體認到，它們對自己的社區有責任。當地大學必須重新聚焦在一些學系，現實面有望打造出跟企業界的連結。這樣是另類有潛力地使用公帑。

大學不僅產出有商業用途的知識，還教導學生。這些學生是否充電飽飽而有生產力，要看傳授了什麼給他們，還有他們與潛在雇主的聯繫有多好。最糟狀況便是設在危機嚴重城市裡的大學，依然把它們的教學重心，放在一些與技術就業脫鉤的學科。它們培養出來的人，有大學文憑，學碩博士之流，但沒有專業技術。年輕人受到誘惑，舉債讀書，而他們的文憑沒給他們還債的本領。

一個破敗城市裡要形成新技術，顯而易見的地點便是當地大學及技術學院。事情順遂的時候，被城市吸引而來、當先鋒組成新聚落的企業，能與當地大學及學院的相關單位連結起來，合作於產製能被運用的研究，培訓工人。企業、大學及技術學院合夥，還能發展出計畫，再訓練年紀較長的工人取得必要的新技術。

結論：「不計成本」

繁榮與破敗城市之間的地理分裂並非無可避免，它是最近的現象，而且可以扭轉；但公共政策只做小幅調整並無法扭轉。一般來講，小就是不足，但更基本的是：空間的興衰演變仰賴預期：企業會落腳在它們認為其他企業設址的地方。目前的預期拋錨在近幾十年的變化，動能因此自我實現。要改變這種狀況，政策必須變化得夠大，震撼企業的預期，而進行重組。

鑑於前文討論的任何特殊政策能有多大威力，大家的疑雲揮之不散，那麼突然大舉採用其中任何一項，實在沒有堅實基礎。那些政策必須在漸進實驗的過程中，小心地檢測。只是如此的過程，不會產生必要的震撼。那麼，必須小心實驗，與必須有所震撼，該如何達成妥協呢？解決之道，在政策要有通盤目標，致力於縮減地理不平等。二〇一一年，歐元區面臨相同的進退兩難：貨幣政策官員們不曉得要用什麼政策，才能有效捍衛歐元，他們著手做很廣的實驗。但這些實驗統包在歐洲央行總裁一句毫不含糊的話當中：「不計成本。」這句話的影響立即又持久，貨幣投機馬上退散，原因在德拉吉（Mario Draghi）自己不留錯誤空間。我們對於城市，要做相等的政治投入。

第八章

階級分裂

通吃與分崩離析

我與堂妹體現本可避免的分道揚鑣。怎麼會這樣？該怎麼彌補？

很多家庭裡，成年人受過的教育、取得的技術之高，為人類史上之最；他們婚嫁同類人的傾向，也是史無前例；男性奉行空前一新的家庭準則，講究男女平等及合作，為史上未見；另外，爸媽教養子女的熱烈程度也是史上新高。成功讓這類家庭很穩定；他們的子女由爸媽身上繼承了成功。這些家庭正通吃一切；他們正成為世家。

在其他的很多家庭中，大人沒受多少教育，而他們煞費苦心取得的技能已失去價值。他們一樣更容易嫁娶同一類人，但這一點得歸因於選擇的機會減少；高教育人士講究門當戶對，讓女性嫁進好人家的機會變少；男性維持傳統養家活口的準則，但想辦到卻愈來愈無力；父母們保留傳統，把教育責任交給學校。失敗的壓力升高，讓家庭不穩定；孩子們由父母繼承了那種不穩定。這些家庭正在分崩離析。

很多導致成功家庭的特徵，不僅對那些家庭本身有益，對整個社會也一樣；反之亦然，很多讓家庭失敗的特徵，不僅對私人是悲劇，也造成社會災難。想扭轉這種新分歧，入手之處在強化分崩離析中的家庭。我們必須面對現實，社會父權主義已經失敗了：國家無法取代家庭。但家庭需要支持的程度空前未有，我把這種舉措命名為「社會母權主義」（social maternalism）。[1] 只是，成功家庭的做法，並非全部對社會有益無害。既然你在讀這本書，很可能你隸屬成功家庭團體。本章之中，你必須靜心等候，只是一定會談到你。

改善吃力的家庭

落到做低生產力工作的人，人生伊始時，父母經常無力撫養。誠如我們在第五章所見，在單親甚或父母俱無的家庭中成長的兒童人數劇增。不幸的是，這種狀況經常造成無法挽回的傷害。這些殘酷事實的含意，在公共政策由小孩人生早期就應展開，既協助家庭維持完整，又用其他形式協助雙親教養。

讓家庭完整

不知怎地，主張雙親家庭是值得鼓勵的事，竟被扣上政治右派的帽子「社

1　這個詞如此新穎，以至於拼字檢查功能都拒絕承認它為正確。

會保守主義」，但只有最狂野的無政府主義才提倡自由性愛。誠如英國最受尊崇的社會政策專家之一渥爾芙（Baroness Alison Wolf）女爵所述：「人類已知的社會，沒半個實行過性愛為所欲為。相反地，人類社會都有公認許可的婚姻制度……一個又一個社會都制定規矩，旨在強迫男人娶孩子的媽，經常還很嚴格。」那類規矩立意良善。孩子出生的時候，大多數未婚媽媽都想嫁給孩子的生父，而大多數男人也打算娶對方。但五年後，那些夫妻還在一塊兒的只有三成五，而且就算在一塊的，實際上很投入婚姻的不到半數。這個現象很嚴重。扎實的科學研究終於能用染色體受損，來補充社會科學。端粒（telomere）是去氧核糖核酸末端的保護罩，端粒愈短，細胞愈容易受損，健康就惡化。做母親的男女關係不穩，她孩子到九歲時，端粒已縮短四成。為資了解這種效應的全部影響，可以比對的是：家庭收入增加一倍，只增加端粒長度達百分之五。缺乏父親關愛造成的傷害如此之大，是無法抵銷的。對很多人來說，它是「不願面對的真相」，但不能因此就讓得不到父愛名正言順。

鼓勵父母都投入於照顧他們的小孩，這件事本質上沒半點保守之處；確實，它作為我們對他人責任的核心面向，似乎與左派的社群主義連結起來，要比右派的個人主義更自然。左派會有所遲疑，係源自把父母對子女的責任，與兩件事搞混淆了：第一件是宗教的執迷，視婚外情為罪過；第二是歷史上，婚姻被視為一種制度，用來壓制女人。這種狀況，因部分右派喜歡加進來指責他人，而更棘手。

我們先由宗教的罪過談起。很多人把罪過視為蠢事，其中一些人更認為揚棄了罪過，自己就可以打破整個性愛與責任間的關聯。罪過就是沒對上帝負責；假如沒有上帝了，那麼天底下就沒有責任該負擔了。拉金巧妙地捕捉到一九六〇年代發生、相當快速的這種思想轉變，他的詩句寫道「再也沒上帝了，也不必在暗處揮汗如雨／至於地獄」，我們都可「順著長長滑梯溜下去／通往快樂」。但「上帝已死」並沒讓我們擺脫對他人的責任；理解得當的話，上帝已死還讓我們更得對彼此負責。上帝既然不為人類苦難或失足兒童負責，那我們得負責。誠如一九六〇年代社會敘事劇烈變動，年輕人揚棄上世代人的做人處事之道，新世代必須重設那些道理，斷然地把性愛責任與宗教信仰脫鉤。做愛，好啊；不盡責於親職，還是不行。至於婚姻壓迫女性，唯一可行的解方倒不是拋棄婚姻，而是改變婚姻的準則，好比很多婚姻已經改變了。拋棄婚姻不能導致母權增強，而是導致母親被奴役，女性一個人掙扎著想扮演好兩種必要的角色。

現在談指責。人都會犯錯，而年輕人面臨強大的性欲衝動，犯的錯最多。雖然我們應該盡一己所能勸阻別犯這些錯，但未來還是會有許多這類的錯。一旦犯錯了，社會合宜的道德回應，應該是原諒，而非譴責。原諒明白表示，是有犯錯，但不認為有處罰的必要。年輕男女意外生子，他們需要的不是指責，而是鼓勵結為夫婦，撫養孩子。

證據指出，人的決定，深受社交網絡裡其他人的意見所影響，這一點意味著家人及朋友的反應十分重要：人類是合群的動物。只是，公共政策可以擔當援軍角色。政府能夠察覺到：假如孩子的父母選擇跟孩子一起生活，那麼增值巨大：賦稅優惠能減輕那些納稅人的稅負，而收入方面，可以向不那麼做的人加相同的量而補足。年輕人投入照顧自己小孩，造福我們大家，而我們應有所準備，資助這種行為。若年輕父母拒不承擔這種義務，我們其他人要付代價，而且很沉重。

在最需要時支援家庭：孩子入學前

目前有七萬兒童「收養」在公立兒童之家，這是為什麼？原因是社會父權主義等到年輕女子有了小孩，但她沒能力照料時，才介入把孩子由她身邊帶走。這種現象頻頻在同一女子身上發生。例如倫敦哈克尼區（Hackney）做過相關的研究，發現僅四十九名女子，就生了二百零五名孩子而被轉到兒童之家。社會母權主義不會等著帶走小孩，它察覺那些女子的人生碰到嚴重的不對勁，而協助她們設法改變。前述統計數據很糟糕，為資因應，一些人聚起來成立一個非營利組織「暫停」（Pause）。那四十九名女子的生活的確很窘迫，除了一個以外，都有毒品或酒精依賴症；半數有長期心理問題。半數自己都在兒童之家長大，社會父權主義突顯這種世代之間的失敗症候。「暫停」瞧出，最重要的介入，是改變這些女子的人生，而非頻頻帶走她們的小孩，那會造成創傷，把她們推往更深的絕望，甚至傷害到妊娠期的孩子。[2]改變她們的人生需要同理心及輔導，還要有實質的支持如克服毒品及酒癮、有地方住、不受男性的暴力欺負。成功端賴提升自尊，而非提供福利金來羞辱人。「暫停」試著做的便是這樣，它的組織逐漸擴大到全英國受到非議的市鎮。它管用嗎？

最近該組織接受獨立評估。經發現，受「暫停」協助的一百三十七名女

2　向懷孕婦女早早宣布，孩子一出生就被帶走，會嚴重增加母親壓力，傷害到胎兒且無可挽救。

性，生活方式都大為改善。其中心理有麻煩的人，四分之三體驗到顯著的好轉，而飲酒吸毒及家庭暴力雙雙大幅下降。這種情況接下來導致懷孕減少，最佳估算是每年少生二十七胎。另外「暫停」的成本效益很高，花在專案中的每一英鎊，未來五年內可以節省九英鎊的開支。當然，「暫停」的規模很小，社會父權主義依然統治著基層，支配公帑，花用在兒童之家。

雖說社會父權主義顯然失敗，為什麼它依然占據支配地位呢？原因在第一線努力的專業人士，目前卡在各據山頭、有貴賤高低、旨在控制的環境裡。以下舉個例子，說明這種現象如何讓社會母權主義很挫折。有位心理診療師率領心理衛生團隊，服務於一個破敗城市及鄰近鄉下地區，在那兒，他的病人們過著孤絕、壓力大、很沒尊嚴的生活。有些母親不敢帶孩子去上學，原因在「霸凌」現象——被害人不光只是她們上學的小孩，母親自己在校門口就遇到欺負，她們遭遇爭奪男人有限資源的其他母親攻擊。醫療團隊曉得，他們的病人們需要安全空間，在那兒她們才可以逐漸與其他遭逢壓力的人培養出友誼。他們成立專案，在老舊住宅區開咖啡館，租下店鋪，裝潢成吸引人的空間。每間咖啡館都以合作社形式來組織，由他們住在該社區的患者自願參加。因為店面很漂亮，來光顧的客人來自社區的各個層面，感受不到絲毫恥辱。這麼做對自願參加的人來說，心理及情緒都有很大影響，由她們的自白、參與照顧她們的專業人士、分析她們的病歷，都可以得知。那些女性談到，自己的孤獨，因為工作促進的新友誼而完全消失。假如有人沒現身上班，朋友會把接洽她們當成自己的事：這些咖啡館培養出互惠責任。這樣締結的友誼，讓她們依自己的步調去探索人生，想的不光是因應危機，而且不必害怕受到羞辱。逐漸地，她們有些人生活變得有條有理，舊病復發及住院減少，她們還培養出自尊，通過資格考，未來不再茫然，也變成更好的母親，取得工作機會。有件事可以看出她們很重視咖啡館，那便是店鋪不像其他當地店面那般，被蓄意弄髒破壞。隨著事態進展，專案的財務改善，幾乎做到損益兩平。專案的成果十分醒目，學術研討會用它來當範例。但接下來專案結束。

心理衛生團隊在英國「國家健保局」（ＮＨＳ）的直屬上司認為，開咖啡館太疏遠專業本行，不足以當成繼續請領預算的理由：團隊的核心活動還是治療。住院減少了，但那筆預算列在不同科目。隨著女人找到工作，她們不再領取福利金，但那是社會安全的預算。至於社會服務單位呢？它們幹麼要把資金由核心活動挪走，挹注到健保局都打算停掉的事情上？母親教養改善有助於孩子的課業，但教育預算的優先事項，在它教書的核心活動。上級單位轉移心思，沒再深入，只管自己支離破碎的山頭本位，結果扼殺一項解決問題核心的方案，而非從中學習且擴大規模。對每個單位來講，首要之務是自己治療中的症候。領導團隊的心理診療師絕望地評論說：「這種現象沒有更好的干預方法，會持續傳給後代，只有相形少數的個人能逃脫輪迴。」

社會母權主義應從這裡入手；厄運會輪迴。年輕伴侶意外生子而傷腦筋，他們面臨的壓力是自己還沒做好準備的。大多時候，大部分父母出自本能都覺得有養育之責；但養育幼兒壓力超級大，年輕父母難免有時候對自己小孩發怒，彼此怪罪。要技巧、自律及寬恕，才能防止如此的瞬間惡化成持久傷害。剛脫離少年期的青少年栽進這樣的狀況，他們必須犧牲自己的欲望，控制情緒，替未來做好計畫。年輕爸媽需要錢、救急，以及不帶批判的輔導。社會母權主義的核心在此：該怎麼供應這些？

家庭的生活方式，依收入而定：只要有點計畫，省一點，大多數人都能滿足子女的基本需求。父權主義的慷慨可以是雙面刃，英國提供免費住所給單親媽媽；義大利及西班牙則沒有。英國在歐洲各國中，青少女懷孕率為最高的國家之一；義大利及西班牙名列最低。一九九九年，英國增加福利給有小孩的低薪家庭，現代統計方法讓我們能推估出這項政策改變的結果：低收入家庭的回應，是大幅增產報國，據估每年多生四萬五千名小孩。所以，這種免費住所及福利提升的結果便是：很多小孩在閒錢只有一點點的家庭中被撫養長大。但很多女子被鼓勵去生小孩，而未來孩子撫養環境並不好。這些福利施政開銷很龐大，成效卻不明確，相形之下，公帑的其他使用方式，無疑造福不小，然而注資卻不夠。以下提供一個例子。

年輕爸媽還沒來得及儲蓄，做好意外緩衝，因此若是遭逢意外打擊，便十分脆弱。因此，使用公帑來幫忙緩衝，就十分可貴。最明顯的意外事故便是失業。在美國，二〇〇八年金融海嘯導致失業率大增，而且持續很久。我指導的一位博士生提出新研究，內容令人信服，文中指出，如此失業率讓小小孩遭棄養的件數大增。失業影響很大，而且有後果。一個國家失業率每上升一個百分點，孩子遭棄養的發生率上升至百分之二十，其中受影響最深的便是小小孩。但是，公共政策可以幫忙舒緩失業造成的傷害。各國對失業補貼持續多久，法規不一；在那些補貼持續較久的國家，失業打擊導致棄養降低很多。

撫養孩子的錢談到這裡打住，現在談談救急，管理一些就算做得妥善、還是很吃力的任務。救急始於家族，其他家族成員有責任團結起來，但家族的規模已經縮減。我父親有手足六人，我母親有三個，所以有一堆伯姨叔嬸支援他們來撫養我。今天為人父母的，他們的兄弟姊妹變少，所以對剩下來的親戚，其責任相應增加。但有些父母，比如我，本身都是獨子獨女，碰到困境時，家族必須振作起來。準則有必要改變；家族的廣度雖然縮減，但長壽則讓家族的高度擴大，可以相抵。為回應新需求，人們的確適當地在改變他們的準則，祖父母輩比起以往，投入照料孫子女的心血要大得多。

政府也可以多做一些。大多數政府都夠聰明，會提供財務支援給有小小孩的父母，但漸漸地，這種施政與鼓勵他們去就業的目標合併起來。年輕家庭壓力大，成年人在撫養小小孩，這段期間不適合那麼做。那些從來沒小孩的人，由生小孩的人收到很龐大的福利了；今天退休人士能用自己儲蓄過活，只因下一個世代的人活化那些儲蓄。爸媽還在奮力撫養小孩期間，對國家是關鍵，該做好移轉性支出，而反映這種對社會的貢獻。

只是，國家能做的，遠比給錢來得多；不論家裡或出門在外，國家都能提供實物支援。教養小孩對每個新手爸媽都不容易，但是某些環境不順遂的夫妻，會一直碰到麻煩。只要麻煩能預期，就可以用密集的預先干預而排除掉。

市場能做的事有其局限，國家透過公共支援服務能做的也一樣。然而，我們還沒來到極限。公家密集提供支援的案例有一些，而且就它們接受評估的範園而言，看來都很成功。其中一例是「丹迪專案」（Dundee Project），它是規模不大的實驗，無條件支援壓力大的家庭。有實質而每天支援一個年輕家庭所費不貲，但比起家庭破裂的代價，要便宜得多了。

丹迪專案有個重大特色，便是它與監看該家庭的社福官署分離開來。監看有其必要，碰到極端狀況，還應該把小孩由父母身邊帶走。但沒有那樣絕對的功能區分，父母及提供支援的社工人員要想建立互信關係，基本條件就無法達成。在英國，丹迪專案叫人振奮，大規模升級為「困難家庭計畫」（Troubled Families Programme, TFP），只是，雖說動機良善，計畫卻因兩件事而不再單純，第一項額外目標是讓年輕媽媽去找工作，接著則是由現有社服機關來經營，而機關身兼監看角色。這種超負荷叫困難家庭計畫功效變差。

雖說把支援與監看整合起來，反而讓兩種服務兩敗俱傷，整合有形支援及心理支援卻能補強。那些容易碰到困境的家庭裡，可想而知做爸媽的經常會有早期心理衛生毛病。心理衛生介入，比如認知行為治療以及怒氣管理等項目，經嚴格評估過，都有顯著的成功率。這類防治的支援很花錢，但它能扭轉一些長期下來對社會代價更高的行為。雖說支援孩童、心理衛生及監看家庭的「供應」應該結合，但它們的運作必須明確地區分開來。

未滿二十歲生子的伴侶，堪稱新手上路的父母，需要不帶訓誡的指導。傍晚偶爾去上替他們開的課程，是不可能足夠的。祖父母可以幫忙沒錯，但最可能變成失職父母的小夫妻倆，經常出身本來就功能不良的家庭。小夫妻需要一些來自家族以外的良師益友，以及非正式的支援。要補強人數縮水及功能不良大家族，有種方式就是創造新資源：可類比成我們那時代「和平工作團」（Peace Corps）、「海外志願服務」（Voluntary Service Overseas）的組織，那些組織曾激勵成千上萬美國、英國青年，但進階到現代版。當初，這種社會新資源是一群人數漸增、高教育青年，追求自我充實以外的使命感。今天可堪媲美的，是人數漸增、身體健康悟性好的退休族群，他們有退休金，錢財無虞，但生活進入空巢期而有缺憾。這些人由生活取得「非認知能力」（non-cognitive skills），因此能成為不帶訓誡的人，幫忙那些壓力大、需要支援的年輕夫妻。對那些退休族，起而承擔救援的義務，可以深深滿足使命感，不然他們來到人生這個階段，生活容易陷入感傷或太自滿。跟一切支援一樣，這個角色必須界定鮮明，參與者要接受訓練，確保不會惡化成恩賜—責備—挑剔—報告的關係。這些服務或許該有報酬，若是如此，酬勞要取得小夫妻的批准，以便他們覺得自己是能自主的；或許，年輕夫妻為此可以由政府取得預算幫忙。與其由政府組織，不如由新的一批非營利組織來招募有能力又有時間的退休族，來幫忙數以千計、沒能力做好自己責任的年輕家庭。相形政府害怕失敗，因此對實驗也準備不足，非營利組織可以說準備完善，可以嘗試新措施。

「可怕的兩歲」這個詞彙真的大有道理；小小孩就是週期性地不可理喻，即便有經驗的爸媽都被繃到耐性的極限。接下來小孩到家庭以外的團體——幼兒園——社會化而受益。所以，主張幼兒園服務應由國家供應，免費開放給大家，真的大有道理。各國都提供學齡兒童教育，但國家提供幼兒園，比起其他任何階段的教育，理由其實更強大。一般來說，隨著孩子長大，他們的教育需求變得更複雜、有差異。相形別的形式，由國家做的主要優點，在教育活動可以標準化，而且規模大，辦學較便宜。幼兒園不複雜，社會要求它提供的主要功能，是一個標準化的集會場，讓來自社會各階層的小小孩能彼此碰面。標準化及免費上學有個重大優點，就是讓父母決定送小小孩到幼兒園，整個社會看來都很正常，那些準備最不足以做出良好決定的父母，更可能那麼做。全面免費供應公立幼兒園教育因此成就兩項極為有益的事：一、孩子們在最容易受合群影響的年紀，與大家混在一塊兒；二、最需要學前教育的孩子們能上課。然而，很多國家沒採公辦幼兒園，而是採取一堆複雜的補貼施政，獎勵私辦。每個政府部會都想推新案，達成鮮明的目標，漸漸累積在私立幼兒園裡。舉個例子，英國「穩健起步」（Sure Start）計畫最看重的，是叫母親們去上班，而且輕鬆地達成目標。方法是把招聘人才，鎖定在剛好符合標準、最容易「成功」的人身上。太過複雜，幾乎保證政府施政，會被那些最不需要的人拿去用，而且民營幼兒園注定孩子們學到的有差別。公辦免費幼兒園的模範是法國，對此我們住在法國布列塔尼區低收入小鎮時，有親身經驗；不管在牛津或華盛頓，我們都找不到私立幼兒園能與其媲美。

學校作為支援的場合

請記住，學校裡最重要的活動不在教學，而是同學團體間的互動。始於家庭的差異，會因學校的社會成分不同，而複製並放大。矽谷認為它們的科技，已把知識世界，向教育較低人家的小孩開放；但證據顯示，事與願違，網際網路已擴大而非縮小機會的差別。今天人人能上網，但最近研究指出，高學歷家庭的小孩學懂得使用網際網路來擴增自己知識，相形之下，學歷較低家庭的小孩則用它來消遣娛樂。

發生在學校最可貴的變化，就是社會更多元交流。對社會交流最強大的阻礙，便是學校的招生學區。因為人們選擇居住的地方，已變得層級森嚴，學區有把這種層級森嚴，反射到學校的效應。要打破這種陷阱，有種方法便是小學後的教育，開設公立學校，學區廣達整個城市，而學校以教學目標來區別，不用地點。甲校可以標榜自己是有志成為職業運動員最好的地方，乙校則培育有心當演員的學生，丙校則為爸媽重視紀律的孩子們開設。援引第二章介紹的概念，在此強調的想法是：校長及學校管理委員會建校時，必須試著以略微有別的信仰系統：學校會變成有人脈的團體，流傳著鮮明的敘事。學校得曉得，自己必須擅長於標榜的特色，不然，住在富裕學區的爸媽還是繼續把自己子女送到當地、只供富人、自己偏好的學校。目前已有法規，容許這類學校設立於英國，我參與一個團隊，想在牛津開辦一家，牛津市的學區偏斜得很怪異。我們計畫向全市開放、按抽籤錄取入學，碰到可想而知的反應，就是由既得利益及意識形態建立的高牆。當地憤怒的教育界菁英，在最富庶學區學校領導下，火大地起而反對。他們成功地擋下我們；不知道你的運氣會不會比較好。

學校作為組織

學校的教學活動還可以改善。這個主題廣獲研究，並著有龐大文獻，但主流思想都認為，教師品質遠比經費重要。有四件很簡單的事，可以提升教師品質：一、吸引更優秀人才；二、基礎訓練時，要依評估過的實驗，傳授務實思想；三、把最優秀的教師，派往最艱困地區；四、淘汰最不適任的教師。

在英國，「教書第一」（Teach First）施政曾造成劇烈影響。它的目標很簡單：勸說優秀的大學畢業生頭幾年教書，再轉換別的生涯。這種做法有潛力，可以做類似的、有目標的招募。「最後教書」（Teach Last）如何呢？甘寧（Jan Willem Gunning）教授與我合著過很多文章，他自阿姆斯特丹教席退休，到當地學校當數學老師。他跟我講，那是他一生最有收穫的經驗。但是教書第一政策局限在倫敦，而倫敦是全國最不需要它的地區；需要教書第一的學校，在各省城鎮。好的教師除非走投無路，不然對任教於那些地區，經常猶疑躊躇。正因為那些打算終身教書的人，生怕被卡住而卻步，最容易招募的，應該是不打算留任教職的人。偏袒倫敦的教書第一，因為當前給倫敦教師額外津貼，而更形棘手，倫敦的學校，按每個學生收到補助而言，高於全國各地，倫敦的教學成效也是全國之冠。教書第一、教師津貼及每學生補助最高，在倫敦應該終結掉，而轉移給其他需要的地方。教書第一是很正確的施政，但鎖定的正好是不對的地方。

在教學方法之間做取捨，很適用於隨堂考學習。但政客及教育建制對如此的實驗很遲疑。實用主義坦承無知，夾著意識形態的自信，倒是叫人滿意得多。然而，國際學生能力評量計畫（PISA）得分，在國家、學校之間，差異那麼大，顯見要學習的還有很多，而要學習的東西，唯有來自經過評估的實驗。教師訓練應循著這種演化中的證據建構起來，而且該教導學生如何一直從中學習。

淘汰最不適任教師，影響可說十分劇烈。雖說要動用很新穎的社會科學科技，才能確定最不適任教師造成巨大傷害，但要了解為何什麼動作都沒採用且沒淘汰他們，倒不必做多少研究。教師行業的既得利益，由五花八門的工會為代表，威脅要殲滅任何膽敢提議處理的政治人物。可以理解嗎？沒錯。合乎道德嗎？才不。

雖說流行習氣會改變，而且意識形態一樣干預研究，但目前已有一些課堂政策，顯然有助於解決學識問題。除了教師授課，學生自己的努力至關重要：

問題是想在最懶得學習的人當中，引發學習動機，該怎麼做最好。芝加哥大學經濟學家運用實驗室實驗，測試不同手法，已發現相當簡單的技巧，就能產生可觀效果。其中之一便是：為了有效，學生付出心血，任何獎勵幾乎得立即傳達——要在幾分鐘內，而非幾個月。至於獎勵的種類，給予尊重，效果會比錢來得好（再強調一次，經過證實，我們講究合群更勝於貪婪）。但要引發學習動機，經證明獎勵還不是最佳的方式。人類避免損失的動機心，遠比獲取利益強大得多——精準詞彙是「損失趨避」（loss aversion，又譯厭惡損失），所以，懶惰會招來快速而與尊重有關的損失，才是最沉重的打擊。然而這個訊息在師範學院卻隱微不彰。

能力分班的問題，因意識形態辯論圍攻而窒礙難行，亟需實用主義來解決。有項可靠的心理學理論說，孩子們都渴望同輩人的尊敬，真心願意付出心力來贏得（或者避免失去）尊敬。最有影響力的同輩人團體，應該就是班上的其他學生。假如同一年級經過能力分班，那麼較強與較弱學生的學力差距不算大，較弱學生就值得付出心血了。與此類似的是：最強學生必須更加努力，才能維持領先。但假如強弱差距很大，一如同年級不經能力分班只隨機編班會發生的狀況，那麼較弱學生的努力就沒有意義，而較強學生覺得根本不需要努力。這個見解目前有些實證支持，但需要比我目前已知更通透的測試。我們最需要學校的不在於教條，而是經過嚴格獨立評估，禁得起實驗的彈性變化。

最後才是錢的問題。公帑支用在每個學生的差異，往往會放在其他學識上的差異。最有實質的差異在地理方面，大都會有興旺的稅基、聲量大的遊說；破敗城市什麼也沒有。在英國，這些差異可想而知很極端。截至目前，倫敦花在每個學生的公帑最多，而我的故鄉地區約克郡及亨博賽德（Humberside）郡名列最少。倫敦已經有全國最佳的考試成果，而我故鄉地區則最差。這個裂痕是最近出現的，很大且仍在擴大之中。可想而知會出現有動機的析理；當前為這種稅款嚴重錯置辯護的既得利益者，應該斷然嘗到敗北，覺得慚愧。

學校以外的活動及指導

大多數課外活動是提供給青少年的，但孩子們的學識及人生機會出現分歧，大多發生在年紀更小的時候，對十歲以前的孩子，重要而有別的行為說來簡單得不值一笑，就是閱讀。高學歷家庭的小孩有閱讀，學歷較低的沒有。閱讀開啟多道大門，菁英家庭的小孩得以穿門而去。學校照說要矯正這個問題；

孩子們獲傳授如何閱讀的竅門，但這跟取得閱讀習慣大不相同。目前我們曉得如何鼓勵爸媽不閱讀的小孩培養出讀書習慣，只是沒能成功改善多少。但是，任何有魄力的公民關切團體，都能有所改變：這正是能奏效的地方。

羅瑟勒姆（Rotherham）這個城鎮在英國備受指責，還變成邊緣化的象徵。它跟鄰近的雪菲爾德一樣，本來是煉鋼採礦的城市，但當地就業機會已經消失（跟邊緣化真是吻合，拼字檢查功能表示不認得羅瑟勒姆這個地名，儘管它的人口比牛津多一倍，而牛津這個地名，拼字檢查沒有問題）。身處城市悲歌，以及相關的志氣消沉當中，有一小群公民決心提升最邊緣化家庭的兒童識字率。他們蒐尋可供使用的範例，而選擇一個在美國小鎮似乎奏效過的。他們按當地背景改編，花心血的同時，另請雪菲爾德一家大學進行量化評估。正因如此，我們知道它管用：成果得自學校考試分數。他們成立慈善會，去市中心區找個廢棄場所（多得很），說服當地企業，把建築物由一家酒吧，改造成相當「魔法」的地方。我用「魔法」這個詞，既合乎象徵義又按字面義：這個中心是讓孩子們來學習魔法的地方。門頂掛著「格林公司」（Grimm and Co）的招牌，門上寫著「成人禁入」，窗戶熏黑，在在誘惑孩子們進來，通常要不拖著遲疑的爸媽，就是預先登記而跟同班同學前來。孩子們一走進去，迎面看見的是巨大的豆莖，另張牌子寫著「請別吃這東西」，以及一堆其他刺激著迷的東西。凡此種種都是序曲，想引誘孩子穿過一道密門，走上漆有書名的階梯，經過人暫時不在的格林先生辦公室，來到一個房間，那兒他新寫好要讀給他們聽的故事書頁散放著。接下來慘了，故事最後一頁不見了！大家急著讀完整的故事：拜託，有沒有人可以幫忙？假如你想完成它，有幾枝鉛筆可以寫。

孩子們的反應總是蜂擁而上。當從來不願意拿起鉛筆的孩子開始寫著，彷彿自己生命全靠它了，老師們熱淚滾滾而下。每件事都貫徹到底。羅瑟勒姆的學校班級已出版詩作合集，流通到全世界。「皇家莎士比亞劇團」（Royal Shakespeare Theatre Company）前來為他們演出；格爾多夫（Bob Geldof）替他們寫了故事。求知胃口可以啟動；習慣可以改變。一位熱情的女性創設這個傑出的方案，它可以升級，另改編而配合不同的地方背景，目前也吸引中國及南韓派團前來。沒錯，東亞人正從中學習的，正是羅瑟勒姆，而不是倫敦市漢普斯特德（Hampstead）區。假如東亞人都這麼做，或許你也可以。

有許多別的這類方案，可以幫忙下課後的孩子們。這些非認知能力之形成，不是靠讀書，而需要受到信賴的良師益友，還有團體活動如運動，孩子們從中能學習到合作及領導。要找到一位良師益友，既博學有用又受信賴，端看孩子的社交網絡有多廣，而孩子的交遊網又反映家庭的交遊網。我職業生涯單一最重大決定，是進大學前幾個月內所做的。我獲法學院錄取，但我寫信請求轉去讀經濟。下決定時，我迫切需要忠告，因為我了解那會導致兩種不同人生（我本來可能變成尋租律師，而非寫這本書）。但我家的人脈網裡，沒人有相關經驗，情急之下，我請教我家的牙醫（這方面他愛莫能助，實無足為奇）。今天，出身兩種不同階級的孩子，他們面對的社交網幅度有巨大差異。「皮尤研究中心」打量一個家庭人脈網裡可能有的九種人，高學歷家庭比起較低的人脈較廣的九中有八；第九種是大門守衛，較低學歷家庭才有優勢。那八種人當中，最大的分野，正是當初我要下決定時欠缺的那種人，「你認識大學教授嗎？」對我成長的家族來說，如此的問題不啻「你認識女王嗎？」但我的孩子們則認識一堆教授：我十七歲兒子丹尼爾對奈米科技感到興趣時，他就教的第一個人，就住我家隔壁。

但青少年選擇聆聽一位良師益友的教誨，不僅有益於資訊見聞，還可能聽到指引人生的敘事。誤入歧途的青少年可以因為良善敘事的溫和影響，走回正軌，而傳達敘事的來源，不在父母的賞罰脈絡之內：父權的蠻力，會損害傾聽的意願。

技能分歧、企業分歧、退休金分歧

學校真的不是人生的預習場所，它讓你準備好受訓而已。學校充其量讓某些人取得認知能力，而可以雕琢磨成技能，在某些行業裡極有生產力。但是非認知技能並沒獲得同樣的重視。很多有生產力的職業不那麼看重高強的認知能力，而是側重訓練有素的非認知能力，比如毅力。從學校到職場培訓的轉換過程中，那些打算依舊走認知路子的人，相形由認知技能跳躍到非認知技能的，過渡時較不辛苦。

畢業後的技能

我們曉得什麼管用，而什麼不管用。很多高收入國家就畢業後的技能開發，某些面向做對了，但做對的部分並不相同，而且沒什麼意願彼此借鏡。

對那些擁有最棒認知能力、有興趣開發這類能力的人，美、英兩國提供世上最棒的地方：優秀大學。兩國都有很多家；世界前十大學裡，五家在美國，三家在英國。相形之下，英國脫歐後的歐盟二十七國則一家也沒有擠進前十，而且這一點足以表明那些國家大學系統更深更廣的失敗。會有這項差別的原因，在大學經營的方式。大學能達成高標準，靠的是競爭以及不集權管理；而這也是讓現代資本主義這麼有生產力的同樣兩項因素。按對比的方式，在法國，同樣的教育集中控制，在幼兒園階段因為標準化、複雜度低，而成效卓著，來到大學層級卻十分糟糕。

然而，受菁英教育的是少數人，對不屬其間的大多數人來說，英、美就技能開發而言，環境爛得很。回想一下，大多數年輕人要改換跑道，由只強化認知技能的那種訓練，改為發展以前遭忽視的非認知技能。因為這種轉換較為吃力，畢業後的政策應以它為焦點。由年輕學子的觀點來看，要大跳躍到未知領域，心理壓力更大。由政府角度來看，因為畢業生所需的技能，與它設法由教育系統其他部分提供的，是如此不同，因此組織方面更吃力。因材施教，該撥的預算應該比攻讀大學學位來得多。

專業人士曉得欠缺什麼，那便是高品質的技職教育訓練（TVET），讓年輕人選擇去做，而非跋涉於著重認知訓練的老路。很幸運，專業人士甚至知道如何達成，原因是德國行之已久，成果則是生產力高、薪津很好的勞動人口。

那麼，德國是怎麼做的？它們怎樣組織那種訓練？還有，它們怎樣勸說數百萬年輕人，去做必要的心理跳躍？更重要的是：別的國家為什麼不仿效德國人？

德國的關鍵組織成分，在特定產業裡，企業與學院有地區性合夥關係。學院循著這些技能設計其課程，企業則提供現場工作經驗，而且技術有成的員工傳授師傅心得，學生的時間剖分在企業及學院之間。標準上，學生接受訓練達三年，接下來則由企業取得工作。訓練有幾個目標，毫不瑣碎，有些相當精深；的確，如何成為值得雇用年輕工人的列表，聽起來苛刻得像吉卜林（Kipling）著名的如何成為男人列表。有一項是培養日常專業：由練習而發展出技能，再透過反饋而精益求精。另一項是有必要時能夠自己設想，有知識及信心而靈活多智。匠藝引發講究卓越的道德，還有做好工作的自豪感受。學得這些，靠的是跟宗匠級的人共事。接著派上用場的，是管用的技能：有計算能力、識字、通訊科技及製圖。因為大多數工作都屬民營部門，年輕人得學懂做生意的態度，包括能體會自己的頭路，端賴客戶願意掏錢買產品。與此類似的是，年輕工人要學會自我介紹、以準時且敬重的方式來完成工作等等生活技能。最後則是擅長調變的能力：好奇求知及有彈性的態度如自信、有同理心、自制、毅力、合作、有創意。讀到這裡，尋常的牛津學生或許已經頭暈眼花，然而要讓認知技能天賦沒那麼強的半數人民，在二十一世紀能有生產力，這正是必須做的事。

營造出這些技能，既是地方性也是全國性的任務。公共政策必須由企業的使命感補強，才能達成預期效果。我們回到講道德企業那個概念，一群人把大於個人發財的任務，融入身心之中。一個講道德的企業會察覺自己對應募而來的年輕人有責任，投注時間及金錢，好好訓練他們，教的不僅是窄窄的行業技能，還有含括在德國技職教育訓練當中，更廣大的全套能力。在英國，對待員工有差別的態度，可以由兩大零售巨擘展現出來——它們便是「約翰路易斯合夥公司」及「英國家居品」；在美國，相同的對比公司便是豐田汽車及通用汽車。請記住，道德不必然意味著愚笨；走向破產的是英國家居品跟通用，不是約翰路易斯及豐田。

我們也曉得什麼無效，那就是脫離實務界的工作訓練。有兩種普遍的政策，表面上想解決技術問題，卻違反這項要求。

有些政府為了因應技術含金量不高的憂慮，便鼓勵一些表面上配合職業的課程，但僅僅持續幾個月，而且與未來在特定企業取得工作沒有關聯；另外，內容只停留在某職業的技術初階。要有更廣的技能才算技術勝任，真足以讓企業聘用，但那些課程完全沒提供。

更加華而不實且肯定更浪費是：大學裡低品質職業課程大幅擴張。目前在美、英兩國，有半數年輕人上大學——這是對大學文憑好處過多的反應。英國這類學生裡，有三分之一最後屈就於以往由非大學畢業生從事的工作，而那些工作的技術要求未曾改變。他們的學歷並沒讓他們更有生產力。讀書的時候，孩子們夢想做那些他們在社群媒體看到的光鮮職業。五花八門的職業經媒體曝光，跟它們在整個勞動人口中的發生率，兩者不相襯得非常巨大。沒錯，孩子們該有夢想、計畫及志氣，但總歸起來，志氣必須與現實咬合才行。夢想與工作之間的調適，是轉大人必經的痛苦。挪威作家諾斯加德（Karl Ove Knausgard）說得很好，由十六歲到四十歲的歷程，「目前如此遠大、無所不包的，免不了要縮小減少，直到變成可管理的單體，而它的傷痛沒那麼大，但也沒那麼好。」

成年人不應該共謀剝削這個成長歷程。從事光鮮行業的人——例如法醫——曾煞費苦心解釋給我聽，表面上訓練他們成為專業的大學課程，招生時的保證都在騙人。由這些科系畢業的人都背負昂貴學貸。在美國，他們的債務，甚至比那些在頂尖大學攻讀吃香學系的人，都要來得高。他們被貼在夢幻職業的「學位」所誘惑，走進昂貴的死路，但當初他們需要的，是個跳板，可以展開雖沒那麼誘人但真正具有生產力的職業生涯。

在美、英兩國有大批專業訓練低的人口，找到工作後發現，他們的企業存心以低生產力、付低薪來獲利。那些企業緊縮開支有三招：第一、碰到需求減少就裁員；二、跳過員工訓練；三、不准設立工會。它們學懂怎麼應付因不滿而導致的高離職率，靠走投無路及容易上當的人，來取代辭職的人。這種低生產力低成本的生意模式，在某些經濟部門，比起高生產力高成本模式（企業投資在員工），還更有錢賺。只要低成本企業更賺錢，就會把高成本企業由市場淘汰。只是，雖說人們以身為消費者的角度來看，日子更好過，而由身為工人的角色來看，日子更難挨；他們的收入減少，原因在生產力較低。用更正式的說法，就是技能形成的過程中，市場失靈。假如人們多花一點在購物上，但由工作賺的更多，那麼日子會更好，但沒有機制導致由投入心血而變成交易這種連鎖，而總計起來產生這種較好的結果。用行話來講解問題，並沒解決問題，社會必須有所作為。最低工資、強制撥款進行訓練、工會組織權，都能發揮功能，限縮企業犧牲生產力而摜壓勞動成本的空間。舉一個簡單的法規例子及其影響來當例子，有家連鎖餐廳在巴黎及倫敦都設立店面，兩地的最低工資法差異不小。在巴黎，最低工資高得多，所以餐廳適當調整菜單及員工，訓練他們做更複雜的服務流程，因此每個服務生能服務的客人數目，要比倫敦的來得多。雖說在巴黎每位用餐人受到的照顧，要比在倫敦來得少，但兩地菜色價格一樣。只是，關鍵的社會差別在巴黎的服務生賺得比較多。沒錯，倫敦有很多工作，但都是爛工作。

既已說明好的非認知技能訓練是何形貌，還有當前很多年輕人被誘惑走下去的另類道路，我們終於可以轉而面對心理學：年輕人是否偏愛認知道路選項，是由什麼決定的？《國富論》較粗陋的心理學主張，人只在乎錢；而《道德情操論》較精準的心理學告訴我們，人們還在乎自己的社會地位：付出也收取尊重。有關懊悔的論證，也支持我們的直覺，就是尊重比金錢更重要。但是，就算按錢的標準來看，現今很多英美年輕人被引誘走上的，也是認知那邊的死胡同。他們那麼做，是因為目前看來，那種選擇才能衍生同學最大敬意。他們對朋友們講，自己打算上大學，那時候選擇不上大學的看來很沒勇氣。他們跟朋友講，打算攻讀法醫學的時候，朋友們會想到「網飛」（Netflix）頻道節目裡的模範。問題的癥結點在研習認知及非認知技能，取得的敬重高低不對等。這在盎格魯撒克遜裔社會裡，根深柢固；我們其他人傳達相關排行的敘事，讓年輕人以為如此。你或許認為，問題太棘手，無法避免。但並非如此；再說一遍，德國已顯示，尊重的高下排列可以很不一樣。

我可以提供數據給讀者諸君，但我是以比較類似親身體會的方式搞懂這件事的。有一年，我們碰到一位很能幹的德國交換生，她跟我們住在一起，當時她正處於人生的抉擇階段，到底是想繼續念大學，還是改而讀技職學程。她的認知學力很充足，假如有意願，可以繼續追求學術，好幾所大學都邀她去讀。但她的志向，是研讀故鄉一家學院與公司合辦的技職課程。[3]她入學攻讀的課程叫人如此矚目，甚至可說是頭暈眼花。她選擇的職業是行銷，而她必須有能力行銷的，是公司生產的技術精密設備零件。第一學年第一週，她鑽研車床，在製造車床的工人身畔學習。到了第三年，她去拉丁美洲學西班牙語。目前她成為該公司職員，薪水優渥，工作有保障。或許，她得跟一個英國推銷員親身較量，而英國推銷員中學後的教育，是去讀大學文憑。這位交換生做這麼關鍵的抉擇時，很驚訝於我們的驚訝。她選的路，艱鉅程度更勝留在課堂裡，而且地位更高；敬重及物質報酬也指引她走相同方向。

為了在英、美產出相等的影響，我們必須向獨尊認知的種種符號揮手道別。「學位」這個詞必須「拔掉尖牙」：車床及拉丁美洲，可以比再花三年於課堂更加光彩。德國這一點做得很好，但這方面的老大是瑞士。瑞士的技職教育十分嚴謹，課程一般長達三到四年，而且企業密切參與，原因在它們負擔半數成本，相當可觀。技職教育也受歡迎，六成年輕人選讀技職課程，部分原因在於求學期間就有工資可拿，但也因為如此受訓，是眾所公認通往頂尖職務的大道。[4]這些成就更加不凡的原因，在擁有橫掃全球的技職教育同時，還有一家全球前十的大學。認知那一條路，不必為了非認知能茁壯而削弱。

技職教育的聲譽需要提高，不光是給上課的人，還得給授課的人。教導認知學能要拿名譽很容易：我等有頭銜如「教授」，隸屬於「大學」。技職教育目前太散碎，無法如此簡單地提供名譽職銜。或許，那麼多技職課程，有必要因為達成一項重大國家使命，即「全國技能服務」，而取得全體地位的提升，讓全體教職員都與有榮焉。

3 英國以往也有如此的學院，叫工專（polytechnics）。適足以代表英國人對學術成就的偏好。

4 在英國二〇一六年間，走進修教育的人當中，只有四千人取得技術等級的酬勞；在英國人口比例中，占不到萬分之一，見二〇一七年十二月二十八日渥爾芙撰寫於《金融時報》的文章。

確保可見的就業安全

一旦取得有生產力的工作，工人應該擁有多少就業安全？工人們要扛起好些長期責任，比如房貸，所以需要的就業安全多多益善。相形之下，企業定期面臨產品需求減少的衝擊，所以需要的彈性多多益善。勞資達成妥協，要看他們相對的談判能力，但是接下來，這一點深受政策影響。有個極端體現在法國，政府立法，要求雇用時保障就業安全；而另一個極端體現於一九二〇年代的美國，政府立法限制工會。兩個極端之間，工人按產業部門不同，討價還價能力有差異，而變得像補丁。每個教授，不管多平庸，都有終身就業安全：不然，我們可能陷入焦慮，而焦慮會妨害我們的能力，無法形成偉大思想（別的教授會找出進一步理直氣壯的說法，不必懷疑）。同一時間，我演戲獲獎的姪女，身處求職者擠破頭的行業，看來一輩子別想穩當。

重新思考就業權利時，意識形態無濟於事：左派對勞動交由市場決定，深惡痛絕，而右派則大力支持。批評自由市場最常見的說法，是最低工資導致失業。失業最能突顯事情不對勁，但並非一直是最重要的事。勞動市場有兩個不同功能，對解決失業很重要的功能，在把擁有特殊技能的求職者，與企業為那些技能而創造的工作撮合起來，此間進行的是配對。但是對大眾繁榮重要的功能，在那些技能創造出來的產品：投資。這兩項功能本質上有緊張之處。有能力做具約束力的保證，讓投資更為可行。勞工為了取得技能，必須進行的訓練，要花成本，總得有人支付開銷。就勞工為訓練付出的範圍而言，她擔心的是企業是否會用較高薪資來雇她，且時間長到她感覺值得投資於訓練。但對企業出資的範圍來說，它擔心的是一旦訓練好了，工人會辭職，跳槽到另家薪酬更高的公司。保障就業安全可以給員工信心，而克服第一項憂慮；失業衍生工資控制這種副作用，能讓企業有信心，克服第二項。所以介於其間，它們可能增加投資於訓練；但保障就業安全以及工資控制會叫企業提不起勁來雇用工人，因此便妨害勞動市場的配對功能。正因如此，要解決企業投資的問題，較好的方法是由政府開稅來支付訓練，而不是用高失業率來嚇阻勞工別辭職。

　　但勞工需要就業安全，不僅是想取回他們技能上的投資，還因為他們承擔了不少義務，得動用到未來的薪水。勞工有能力承擔義務，比如撫養小孩或購買房屋，對社會有益，因此就業安全對社會很有價值。讓企業調整，因應淡季時敘薪給員工的需求，比起叫勞工承擔被裁員的風險，應該更有效率。假如企業要留住員工，就得訓練員工能多做幾種業務，如此某些業務的需求量下降的時候，企業能叫員工轉去做別的。

然而，這種就業安全必須有極限；雖然企業應該有能力克服短期波動，碰到需求大幅、持久下降，沒有裁員，它們是無法調適的。碰到極限時，企業就破產。然而，失業這種無法避免的事，半點也無法減輕勞工的成本。碰到這種等級的震撼，我們需要比企業更大的機構，那便是國家。諾貝爾經濟獎得主梯若爾（Jean Tirole）提出聰明的方式，讓國家能說服企業留住員工而度過市場低谷，但讓它們遭逢長久大衰退時，仍能夠裁員。那便是開徵裁員費用，以反應國家福利支出、職工再訓練的額外開銷。

因應這種失業震撼做得最好的政府，據說是丹麥及瑞典，兩國發展出彈性安全（flexicurity）這個概念。這項政策與振興破敗城市的艱鉅挑戰息息相關：假如一個產業崩潰，特定地區會大受打擊，工人們需要再受訓練。美國簡斯維爾（Janesville）鎮的主要工廠關閉，鎮內受創很重，於是政府進行再訓練計畫，個案研究相當罕見。經披露，那次再訓練完全失敗。失業而接受再訓練的人，比起沒參加的，更加不可能找到工作；而且，就算他們真找到工作，賺的也比沒參加的人來得少。那項再訓練計畫為什麼失敗得那麼徹底？我想，有三件要事忽略了。此外，被忽略的東西要回溯到工人們的求學時代：失業工人們在學期間，老師沒教現代求知的基本功。這種忽略，因為他們長期任職於該工廠而沿續下去，全沒改善。梯若爾提到的裁員懲罰，工廠以往沒遭遇過，也就不覺得有什麼動機，要讓工人們取得更廣的技能，讓他們的職場競爭力更強。但最最重要的是：再訓練並沒與任何有針對性的振興方案協調起來，沒能吸引新產業來到鎮上。相反地，群聚效應引發惡性直轉直下，工廠的關閉，導致當地其他雇主連帶陷入蕭條，因此沒什麼工作，可供再訓練的工人去應徵。簡斯維爾經驗講述，沒有高規格的協調努力，再訓練只是一個陷阱，提供的希望是幻象。最有可能發生的是：即使當初教育更強、先前工廠留給工人們更多本領、又有強大力量催生取而代之的聚落，下崗工人還是猶豫，不敢把他們最近變得很珍貴的積蓄，丟進去做再訓練。芝加哥商學院兩位教授津加萊斯（Luigi Zingales）、拉詹（Raghuram Rajan）曾提議，所有工人都應該取得終生的信貸，有需要的時候可以提領來再訓練。[5]

機器自動化革命方興未艾，接下來不曉得還有什麼科技革命，在在需要人

5 二〇一八年五月，法國政府採用這項政策。

們再受訓練。我認為，機器自動化革命不可能減少工作的需求——人類的欲望可能永不饜足。但它會改變需要工人去做的工作內容。這才是可貴見解的精髓。試想標準的工作係由一系列任務組成。即便乍看最例行性的工作，一定有些時刻需要做判斷、能與人互動，還有些行動不是慣常例行的。機器人會消滅某些任務，這麼做將大大降低目前每個工作日的生產成本。重新安排工人做剩下來不由機器人代勞的任務，還有做仰賴自動化而衍生出來的新任務，一般工人的生產力可以變大許多。因為不同的工作，會有極不同的組合成分，有些任務適合機器人，有些不適合，工作的技能組成，可能會持續變動得很可觀；人們必須定期再訓練，以便有能力執行新的配套任務。正如巴黎的侍應生賺得比他們倫敦同事來得多，明天的工人會比今天的賺更多，但這只有工人學懂不同技能時才會發生，好比巴黎侍應生。有個必然結果，那些勞力極為密集的部門裡，有一個必須大為擴張，也就是訓練部門。

退休的安全保障

我會退休，但很高興還不是現在。只是，我已曉得退休後，會由國家及大學給的退休金而取得收入：我到死都安全無憂。但其他很多人不是如此。

風險要匯聚起來很容易，而且大多數的風險，若是匯聚起來，就會消散。匯聚風險時值得警惕的理由，在「道德風險」（moral hazard）。碰到某些狀況，一旦風險攤分了，人人冒的風險反而更大。比如因為我們都保了火險，大家變得更掉以輕心。但有一種風險由很多領退休金的人承擔，則無涉道德風險：那便是牽涉到「確定提撥金辦法」（defined-contribution pension scheme）的風險。事實上所有企業都認定：確定福利金辦法（defined benefit schemes），比如我享有的那種，其實貴得嚇人。我自己的退休金辦法，對英國大專院校而言，證實真是這樣。它累積起來的赤字，已是退休金基金有史以來最大。我很幸運，這種事不會影響我提領退休金的權利，退休金基金將由下一代學者及學生們扛起來，他們付的提撥金會更高。他們曉得我真的很感激，會覺得振奮吧。[6]

與此同時，其他人也都被轉進確定提撥金計畫。在此他們發現自己要承受

6 為防萬一，且容我向大家保證，我的退休金，是由合法管道取得的；感謝上帝，有大律師們。

三種風險。第一，他們提撥退休金給某基金，但它的整體表現，可能比別的基金來得差；而此間的落差，相形確定福利金辦法，不再是雇主的責任。第二，他們在基金內的投資選擇，表現可能比其他勞工的平均選擇來得糟糕。最後，當他們退休那天來臨，結算現金給付給他們，股市當時可能跌到長期平均值以下；股市有時候會大幅波動。因為這三項風險，結果便是兩個提撥金一樣久的勞工，最後退休金的差異可能相當大。

雖說一些確定福利金計畫，比如我享有的，給付相當慷慨，把風險轉移給全社會，但確定提撥計畫沒必要地讓人們暴露於本可避免的風險，而且恰好是他們最沒能力承受風險的時候。它們已由匯聚風險移出來，因此散發開來，倒在人們頭上，而時機正是他們最脆弱的時候。這真是一個設計上明顯可修正的錯誤。

然而，面臨退休最不安全狀況的人，是那些就業生涯耗蝕於在爛公司之間換來換去的人。他們甚至沒能累積請求權，請領確定提撥。當他們太老不能工作時，被拋棄在社會上，變成社會累贅。這又是市場失靈。他們的雇主獲准砍下太多的雇用成本，沒付足夠的錢到退休金裡。跟最低工資法一樣，法國政策看來比英美模式來得高超：要求雇主提撥得夠高，以確保只要人們工作，他們就能建立起請求權，得到退休金。那則附帶條件當然隱含經濟體運作的方式，必須產出有足夠生產力的工作，人人都有得做。這是由訓練計畫必須達成的關鍵基準點，以爛工作來處理失業並非代替品，而是失敗。

歸屬於社會

雖說我強調家庭、職場及國家是歸屬感的基石，然而在一切健康的社會中，還需要有彼此相連團體組成的綿密網，讓人們可以依附上去。普特南備受推崇的書《獨自打保齡球》（*Bowling Alone*）裡，悲嘆這種形式的歸屬在美國已告式微。如此的依附，鼓勵人們確認互惠責任的好習慣，還可以糾正孤立及連帶失去的自尊及憂鬱。美國人脈網的式微，既非無法避免，也不是西方世界全面如此。德國正式登記的公民團體很普遍，而且在增加中。半數德國人參加至少一個這種俱樂部，而且在過去二十年間，俱樂部的數目增加三分之一。德國人參與這類團體的比例，大約是南歐的三倍。

矯治通吃現象

新高學歷階級的興起肯定加大社會不公平。但是，讓這個階級如此成功的行為，大多數並沒損害社會其他人。他們的人生策略值得效法處更勝於糾正。但是高學歷階級的成功，某些面向的確有傷害到他人：一、住居需求零和；二、工作零和；三、合群行為零和。

住居：家相對於資產

人買房子有兩種動機，大多數人買房子當住家；另些人則把房子當資產。一九五〇年的英國，半數成屋以資產形式持有，再租給需要住家的人，自有住宅的人只有三成。社會民主政體的勝利之一，便是改變這種情況。到了一九八〇年，民間租屋已大幅縮減到只有百分之十，而住宅自有率成長近一倍。一九八〇年代初期，公共政策進一步轉折，讓自用住宅率升至百分之七十的新高點，方法是讓社會住宅居民以折扣買下他們的房子。

由三成增加到七成，是公共政策的集體勝利。擁有自用住宅會提升歸屬感，而誠如我提議，歸屬感是重大的社會財，也是互惠責任的基礎。自有住屋，也讓人們與社會休戚相關的感受更強，傾向於更謹慎。心理學家已發現，假如人們擁有財物，會變得極不想失去它。擁有自宅讓人安定下來。牛津有條街，一度依租屋及屋主自住而對半剖分；那道分界迄今清晰可見，原因在樹的高度——只有自住的人會種樹。

有四種政策可以讓屋價維持在中等收入家庭買得起的程度：由地方政府主持蓋屋計畫而增加供應；節制淨遷徙而限制家戶成長率；節制買屋出租可以限制純為資產的購屋需求；依收入而限制房貸成數抑制人們叫價能買的房屋。社會住宅資產轉移給住戶，可補強這些政策，讓中低收入戶能擁有自己的房子。

一九八〇年代末期以來，這種進展開始瓦解。自有住宅率降到六成，而且還在下降；年輕家庭再也買不起房子。過去二十年間，平均房價已由平均收入的三．六倍跳到七．六倍。這一點無足為奇：限制房價四種政策全遭扭轉。地方政府的蓋屋計畫遭到阻止，理由是希望民間建設公司可以取而代之（建設公司沒辦到，部分原因在民間想取得擁有建設許可的土地，其困難程度遠大於地方政府）。遷徙管制放寬成為家戶數成長的主要動力。節制買屋出租的法規，被鼓勵的所取代，釋放出新而龐大的資產房屋需求。買來出租的房地產已經翻一番，占全部房屋約二成。最後，房貸融資的管制遭取消，取而代之的是放款狂熱，銀行感染上了，飢渴於獎金而奮不顧身。那也是房價暴漲的原因。新的中低收入家庭組成時，再也沒有任何等同於資產轉移的施政計畫。

因為高房價及信用額度沒限制，那些購屋當資產的人，喊價比需要房子當住宅的人來得高，後者一般是年輕家庭。二十年前，逾半年輕家庭申請房貸；目前只剩大約三分之一。那些遭排擠的不是高技能門當戶對的夫妻，而是學歷較低的階級。他們沒能力買到住家，而且買房的希望愈來愈黯淡，是現今新焦慮的重中之重。那些購屋能力比他們強的是誰？隨著房價節節上漲，人人都想買房子，辦得到的都是有能力借最多的人。這種賽跑獲勝的人，是高學歷階級裡，年紀較長人士，還有聰明人，能把借來租的機會，剝削到淋漓盡致。有個不凡的案例，是一對老師辭掉教職，斂聚到龐大的住居帝國。有錢人跟聰明人受惠於雙重賺錢來源：他們比起年輕家庭，更能向銀行借到錢，再來索取的租金，超過還給銀行的每月本利。錦上添花的是：隨著房價上漲，他們獲得龐大的資本升值。

那麼，該如何是好呢？意識形態在此又是災害。左派想回到一九四〇年代那種租屋控制；跟當時一樣，這種做法會把人們凍結在目前他們租住的屋子裡，減少工作流動力。右派打算增加融資給首購族；但這麼做進一步助長需求，會把價格推得更高。然而，要解決住居問題並不困難，原因在我們曉得怎麼做能管用，就是相同的四項政策。

增加房屋供應很明智，要做到，最可行的辦法便是打破計畫面的堵塞。地方政府處於計畫新建住宅的最佳地位，而執行可以與商業開發商合作。當地政府可以做建設出售的案子，而非蓋好出租。只是，增加住屋供應必須循序漸進：一次大量增加有令房價崩盤之虞，讓很多年輕自宅所有人的抵押淨值陷入負數。恢復遷徙限制而節制家戶數成長一樣很明智。金融法規鬆綁釋放出來的放款狂熱沒產出極樂世界——反而爆發銀行擠兌，叫官方灰頭土臉而結束。看到存戶包圍北岩（Northern Rock）銀行各分行，在英國那可是一百五十年首見的奇觀。跟住宅建設計畫一樣，變化要循序漸進，但方向要毫不含糊：我們必須回到房貸對收入、房貸對存款，比率都有上限的做法。節制買來出租也很明智。擁有住家而給大眾的好處，確保我們該給購屋當住宅的人優先權，勝過買房子當資產的人。

前述所有政策都得循序漸進。但要一次大舉恢復自用住宅比率而不傷到房價，倒是辦得到。這一點是藉著大批轉移房屋所有權而辦到，可堪類比一九八〇年代，打折供房客購買社會住宅，而提升自用住宅比率。當前相當於一九八〇年代社會住宅的，便是因金融政策而膨脹的買來租房屋。很多那類屋主坐擁數量龐大且不應得到的資本升值。必要的公共政策，是大批轉移房屋所有權，由地主轉給房客，方式是立法授權有資格購買，條件可以像一九八〇年代那樣大的折扣。為免導致地主財務苦惱，折扣可以跟任何未清償的房貸綁在一起（這指的是政策首次宣布那一天起還未償還的房貸，如此可避免房子被二胎房貸奪走）。這麼做顯然與地主切身的私利相衝突。但是，把房子價格升值的租，重分配給住在屋內的人，既合乎道德，而且，有鑑於提升歸屬感的益處，也吻合富人的開明利己。

工作要有使命感

很多高學歷的人有高生產力，對社會極為有益。但很多人使用自己技能，卻是犧牲他人來自肥。

金融與法律界的樞紐工作，堪稱這種才華偏差的核心。我們暫時回歸到金融資產的驚人交易量。雖說積極交易可說有益於資產流動，但這些交易很多屬零和性質：就算交易量減少，也無損於社會。假如是零和，怎麼會發生？答案在極聰明的人鬥智勝過稍微沒那麼聰明的人。金融資產市場大致上算「聯賽」制，贏家在其中稍有資訊優勢的，便贏過輸家。贏家是那些有過人能力及資源、鬥智勝過他人的人；結果便是，他們賺到數量令人眼花的金錢。鑑於取得資訊優勢的潛在利益，找資訊管道的壓力一直存在。有家公司投資建造紐約與芝加哥之間的高速電纜，讓兩個市場之間價格資訊的傳輸能快幾毫秒。這項投資案的商業收益，端賴在電腦化交易時，產生微小優勢，如此它就可以賣服務給一些公司，而那些公司可以趁別人晚幾毫秒才收到相同資訊之際，就占別人便宜。一個社會，這樣的電纜投資有人做，但橋梁因沒保養而塌斷卻沒人管，輕重緩急真是搞錯了。

資產過度交易不僅造成企業界受害，社會還得付出別的幾種成本，見第四章所述。其中一項是擴大貧富不均而不懷好意。那些超級聰明的人替自己工作，這正是投資銀行紅利系統的含意，那些理財明星們事實上把一小份個人獲利付給公司，回報公司提供的服務。德意志銀行就是投資銀行由明星們經營最極端的例子，紅利拿走七百一十億歐元，給股東的那九十億歐元，相比之下真是小巫見大巫。[7]

權力現已不在資本擁有人手中，甚至不在他們的財富經理人手上。退休金基金付不出聘請明星所需的超級薪水，因此由聰明程度略遜一點的來經營。兩群人打交道，衍生出來的是錢漸漸由未來的退休族，轉給超級聰明人。

還有一種損失，在這些零和回合，把社會某些最聰明人，綁死在做對他人毫無用處的工作，只是這干人等對他人可能極為珍貴。由光譜來看，資產管理的對立端是創新。經濟學家估計，一位創新人士標準上由其創新衍生的整體利益，只拿到大約百分之四，剩下來的百分之九十六歸給我們。所以，市場提供給超級聰明人的誘因，叫他們把罕見才能運用在創新，實在太弱，而把才能用在資產交易的誘因實在太強。我還沒看過任何人試圖把這種社會成本量化，但依我感覺，成本一定很可觀：創新及資產管理這兩個部門都很龐大。在美國，金融部門產出的利潤占所有企業獲利大約三成。換種方式來看，金融部門照說提供的服務，是要讓整個經濟更有生產力，但它必須把經濟體其他部門的獲利提升百分之四十三[8]，經濟體才能支付金融部門攫取的利潤，剩下來的才能打平。這一點似乎不可能。假設我們的金融部門瘦身縮小，各位真覺得差很大嗎？

對資產經理人來說沒錯的，對律師也一樣。前花旗集團首席經濟學家比悠伊特（Willem Buiter）說得很巧，把律師三等分，前三分之一造出無限社會價值，我們稱為「法治」。中間的三分之一致力於打基本為零和遊戲的法律訴訟；各造過度投注心血於贏得官司，因此他們對合群毫無用途。法治是龐大的公共財，但收費的律師賣力並非想成就「正義」，他們工作，是想打贏官司。官司的一造購買這種法律服務，到最後收割的回報，不是更多正義，只是增加打贏官司的機率，叫對方付出代價。最後三分之一律師根本是社會掠食者。他們受雇來搞法律詐欺，剝削有生產力的人，這種律師是終極尋租者。在美國有一件這類詐欺案，案件內容其實是多餘的專利權被買下來，加以扭曲，然後興訟，向進行創新的企業勒索金錢。案子實在太過分，即便兩黨對峙的國會都拿出魄力，把那個法律漏洞補好。在英國，靠醫療保險騙局興訟的案子，經修法禁止後，專門打那種官司的律師事務所，市值一夜間便告腰斬。

7　因為股價崩盤，股東們最後承受的損失，遠超過他們拿的股息。

8　$30 \div 70 = 0.43$

律師很有價值，但做律師的人數目太多了。年輕人被吸引走那一行的誘因百百種，我記得自己最初選擇法律來當本科，原因在我天真幻想，律師在現代相當於牧師，給人忠告、判決是非、幫忙他人。有時候律師真是那樣，但一等我發現，英國律師七成收入，來自他們壟斷住屋交易，便改變選擇：法律行業遭尋租行為宰制了。我若當律師，不僅不像牧師，還會變寄生蟲。今天很多年輕人受到吸引，是想到為正義而戰——在法庭攻防的律政劇，是網飛的主要產品。在大城市當律師，收入可達七位數也有一定吸引力。只是跟演員一樣，律師數目太多了。卓越的哈佛經濟學家桑默斯（Larry Summers）有次做過交互分析，探討一個社會裡工程師對律師的比例，與該國經濟成長率的關聯。它堪稱更大命題的簡潔比喻，指出市場力量，無法在掠食社會以及有益社會（比如創新）兩類活動之間，造出正確的平衡。

那麼，該怎麼辦呢？跟處理大都會一樣，部分解方在徵稅，但有個重大差別。大都會產生的租對社會很可貴，只是分享得不公平而已。向大都會高技術勞工課稅的目的，不在節制他們的活動，而是重新分配那些租。相形之下，被資產交易員及律師攫取的租，對合群沒有價值，這些活動本身就該節制。故此，這些活動的目的應該成為課稅的靶子，而非其地點。

向金融交易課稅的提案一直很多，任何這類課稅必須仔細設計，而能打擊到該打的交易。舉個例子，公司股份的買賣需要節制的地方，遠大於貨幣的交易。一家典型大公司的股份一年易手七次，對社會實在半點用處也沒有，但它卻是目前的常態。

至於向告上法院的私人訴訟課稅，可以設計成既減少紛爭的量，又減少律師目前靠它們而斬獲那麼大筆的租。律師對自利的誘惑無法免疫。當委任合約以言詞來敘酬時，律師們認為對自己來說，訟狀有必要愈長愈好；一旦是看官司輸贏來敘酬，馬上大幅減短。訟訴費用攀高，就吞噬掉涉及訟案的租。以最近一個很多英國人都熟悉的案件為例，請回想政治人物米切爾（Andrew Mitchell）控告一家報紙誹謗他一案。那場官司的實質，在他與擋下他不讓他騎腳踏車通過大門的警察，兩人發生口角時，他確切用了什麼字眼。因為沒有關鍵證人，案子由法官決定兩造證詞哪方可信而判決：是米切爾的還是警察的。這件小事的過程中，兩造律師把費用衝高到三百萬英鎊，變成輸家的負擔。換句話說，這樁小官司吃掉的錢，相當三戶英國家庭的畢生平均收入。向這類官司課稅，既可鼓勵更多人以較單純的方式解決，另由律師吹脹的成本，轉移一些租給社會。這種提議什麼地方藐視正義，律師們可得絞盡腦汁了。9

還有另個手法：羞慚攻勢。正如用到講道德公民來叫企業羞慚，而去做較有使命的行為，社會制裁的力量，可以剝掉尋租專業光鮮的虛飾。有才華的年輕人必須邀請來正視自己的生涯選擇，對社會可能會有什麼後果，了解那些超級收入，事實上是怎麼產出的。

抑制社會分歧

直到一九五八年，白金漢宮每年都辦舞會，供初入社會女子參加，那個交際場合旨在撮合英國社會頂尖階層。會停辦是因為夠多的人體會到，以這種方式推動階級分裂實在是惡事，而非服務。往日上流階級婚配出現較大鬆動，以威廉王子娶凱特王妃（Kate Middleton）足資象徵。凱特的母親當過空姐，凱特原先是不會受邀參加白金漢宮舞會的；但舊日上流階級的門當戶對婚配，已遭新菁英更強大的擇配現象所取代。威廉王子碰到凱特，是就讀菁英大學聖安德魯斯（St Andrews）的時候。婚姻門當戶對，是促進社會貧富不均的強大工具。如此門第相當才成親有助於穩定婚姻，無意間卻擴大階級分裂，但對此實在無能為力。

但有種行為是在剝削，而且有可能抑制。一九八一至一九九六年間，美國小學學童讀書時間增加百分之一百四十六，叫人咋舌。而英國過去十年當中，大學生自殺率已上升五成。但是，這種「虎爸虎媽」執迷的成功，好些面向是零和的，他們的壓力不僅傳給自己小孩，連他人也感染到了。這種現象有一定程度可以在學校糾正。校長們及教師群當然想建立學校優勢，大多時候，師長們絞盡腦汁，是想讓學業表現不跌破下限，但或許也有必要設立上限。英國雖然消受不起落後於全球標準，但青少年歲月不該被轉化成投資銀行惡性角勁的少年版。

提到銀行的惡性角勁，二〇一三年有件事在報紙大報特報，有人夏季到投資銀行當實習生，太急著表現搶眼，以至於一天工作二十四小時，結果倒地身亡。這是公司比爛（race to the bottom，又譯向下競爭）的極端案例，逼人們

9 但不必然如此。為了找現實面對本書的反面證據，我就教於一個極有經驗的律師，請他評論這些訟案。他回答說：「我喜歡鎖定富裕的城市律師，還有他們大都會同夥而課稅的點子。」只是，他或許不具代表性，因為他是貴格派（Quaker）教徒。

成群變為工作狂。大家由減少工作可以受益，但沒半個敢脫隊；他們在晉升比賽上會輸掉，而且，破壞流行的準則，他們會失去敬重。這正是經典的協調問題，而問題有直截了當的解方——動用公共政策。工作時數長，可以用課稅來勸阻，或者用法規來節制。當初法國政府把每週規定工時減到三十五的時候，遭奚落得很厲害。但我想到一家工作狂公司很疲憊的經理人發愁地指出，他公司的執行長還想落實每天工作三十五小時呢！逐漸減少工時，還有相應地延長放假，是必要又適當的方法，把上升的國家生產力轉化為更好的生活。不這麼做，也不執行上述的政策，社會將愈加分裂，一邊是高技能工作狂階級，錢多時間少；而對立面是就業不足、沒技能階級，時間多但沒有錢。

結論：具有硬手法的社會母權主義

工作應該把使命感引進生命的核心歲月。目前，很多幸運兒有這種工作，但並非全體皆然。很多人發現自己從事的工作沒機會取得自尊，那些工作技術含金量不足，無法成為自豪感的來源，不然就是欠缺滿足感，而滿足感源自了解你所做的事有益於社會。相較於薪水袋厚薄的差異，這才是種種失靈的關鍵，而讓家庭間的分歧，變成工作間的分歧。收入不平等茲事體大，而且隨著人生愈來愈接近退休，會變得愈大。但是，假如只靠重新分配來因應，不僅稅收移轉福利必須很龐大，而且核心的欠缺使命感（或意義）會突顯出來，很多人將靠他人的生產力過活。

此間的挑戰，在減低生產力愈來愈分散。克服它，我們要走上長征之路，始於由社會父權制，轉移到社會母權制；前者是國家警戒頑劣家庭，後者是國家用實際支援，替頑劣家庭做好緩衝。我已提過，社會父權制對破碎家庭祭出的硬手法，更適合運用在對付少數最成功人士搞的破壞活動。要建設一個讓人人都工作的有尊嚴的資本主義制度，不論人住哪兒，那麼兩項都有需要。

第九章

全球分裂

贏家，還有落後國家[1]

全球化向來是提升全球生活水準的強力引擎。經濟學這一行在很多公共政策議題上分裂嚴重，但對全球化的評價倒是團結一致。不過經濟學家建議全球化應繼續下去，已失去大眾的信任。全球金融海嘯衝擊下，經濟學這一行已喪失「營業許可」，這是部分原因。但更受關切的因素在：經濟學家對全球化的熱情不夠精細。這件事很奇怪，原因在「全球化」根本還沒成為經濟學概念。它是新聞界造的合稱詞，把很多差別很大的經濟進程攪在一塊兒，那些進程不可能有共同效應，遑論有益於全世界。

經濟學這一行對全球化稱不上專業，生怕任何批評都會助長民粹，因此對那些不同進程的負面效應，沒什麼著墨。然而負面效應對尋常百姓很明顯，而經濟學家似乎不重視負面效應，影響所及，導致很多人拒絕再傾聽「專家」。為了讓我這一行重拾公信力，我們得拿出較平衡的分析，承認真的有負面效應，而且妥善評價它們，目標在設計出政策回應，而解決它們。經濟學這一行承認「我有責任」，或許較為盡責，而非義正詞嚴地進一步為全球化辯護。

貿易方面的「我有責任」

「我有責任」始於貿易，貿易導致社會內及社會之間的強大重新分配。談談社會之內。比較優勢這項論點跟我們講，因為貿易為彼此帶來好處，在每個社會內部透過重新分配而適當地補償，要做到人人更好過日子，是有可能的。身為專業人士，我們竟然省略真實的論點，轉用顯然不對的論點，說社會裡每個人目前日子都更好了。國際經濟學一直對國內補償機制提不起興趣，因為有兩種特色，在簡單的經濟模型裡遭到忽略，這一點愈發重要：損失大致上是傳遍整個勞動市場的，而且按地點而集中。雪菲爾德失去其煉鋼業時，就算知道英國別的地方消費成長很高，足以抵銷雪菲爾德失業工人的消費損失還有餘，其實不叫人覺得有什麼值得安慰。

談到社會之間。全球化已驅使各國做不同專精的事。一言以蔽之，歐洲、美國及日本專精於知識產業；東亞製造業；南亞服務業；中東石油；非洲礦

1　本章受惠於多次跟雲拿保斯討論，另引自筆者於二〇一八年的著作。

業。這樣已讓東亞、南亞驚人地趨近高收入社會，降低全球貧富不均達史無前例的程度。但天然資源的開採，讓治理遭到空前未有的壓力，原因在產出龐大的經濟租，而租的所有權必須由政治來判定。有些社會能管理這些壓力，但好多社會分歧的太厲害，變成尋租而受苦。舉個例子，石油並未造福南蘇丹，反而引發戰亂導致的饑荒，大批人流離失所。二〇〇〇至二〇一三年間全球大宗商品需求暢旺，當時似乎推動非洲及中東大步向前，但目前看來值得懷疑。新的全球數據很傑出，廣泛彙整而測量人均國家財富，不僅看出傳統成分如資本總和，還有教育及天然資源財富等等。數據提供兩張「快照」——一九九五年及二〇一四年——恰巧含括這次大宗商品超級週期。我們可以從此中得知，這次前所未見的天然資源賺錢一時增加，是否導致可以持續的收益。結果數據揭露的是最窮國進一步落後給其他國家。不光是絕對增長（absolute increase）方面，連人均財富百分率增加（percentage increase），低收入國比起其他收入集團國，都遠低得多，非洲很多地區事實上還下降了。跟貿易在社會內的效應一樣，令人歡欣的模型顯示的，只是「有可能」。從有可能要落實，要看模型巧妙祭出什麼公共政策。

法規方面的「我有責任」

大企業已經全球化，改頭換貌成法律上很複雜的子公司網絡；子公司之間彼此做生意，但接受母公司控制。對這樣的公司，繳稅變得要等它高興、自願才行。在英國最好的例子便是星巴克。儘管它英國子公司賣出幾十億杯咖啡，但事實上整整十年沒有利潤可抽稅。經人踢爆，設在荷屬安地列斯（Dutch Antilles）的另家星巴克子公司，雖沒賣出半滴咖啡，獲利卻大得驚人；荷屬安地列斯做的，只是出售「星巴克」名稱使用權給英國子公司。星巴克義憤填膺宣稱，它有繳一應賦稅給荷屬安地列斯，話雖如此，它略而不提的是當地稅率為零。在貧窮國家，同樣惡形惡狀的是天然資源開採事業。在坦尚尼亞，有家金礦公司絞盡腦汁，向坦尚尼亞國稅局報告發生虧損，而把大筆股息配給股東。

大企業全球化有個更不健康的面向，便是空殼公司及做鬼祟銀行業的避難地，數目大為成長。空殼公司由極專業律師成立於大都會——標準上在倫敦或紐約——但真正的所有人秘而不宣。假如這樣的公司，在有司法管轄權的隱密避稅天堂開設銀行戶頭，那麼存進去的錢，就有雙重牆壁遮掩，隔起來不受監督。這種結構已成為主要手段，保護貪腐及犯罪所得不讓人查知。近來比特幣又是另一種的選項。

跟對待貿易一樣，為了讓大企業全球化可能的利益落實，公共政策必須有所因應。目前實務上還沒做到，公司全球化還沒搭配以法規全球化，課稅及管制的能耐，還強力卡在國家層面。誠如筆者第六章所論，跨越國家的協調機制——經合組織、國際貨幣基金、歐盟、七國集團、二十國集團——均失去能力，無法制定有約束力的互惠責任，而由開明利己來支撐。每個國家都寧可比爛。現代全球化最醜惡的事實，便是政治治理遭到擊敗。英國是這項問題的發韌地，二〇一三年擔任八國集團主席時，帶頭想辦法要解決它。[2]舉個例子，英國率先掃蕩律師藉以隱藏資產所有權的空殼公司，英國目前強制所有英國公司都得公開註冊真正所有權，杜絕貪腐金錢的主要流動渠道。

移民問題的「我有責任」

大企業利益變得對制定經濟政策極有影響力，政策的焦點之一便是移民的福利。企業界喜愛移民的理由很明顯：移民擴大可以招募的勞工來源。但是，企業界的利益與公民並不一致。雖說有些移民同時造福企業及公民，但有時候它會削減公民福利而有利於企業。

全球化把貿易及勞工移動搞混了，但真要區分，有個基本差別：貿易是由比較優勢驅動的，而勞工移動的動力則是絕對優勢。結果便是，雖然按教科書的標準假設，移民促進全球效率，但是沒有理由指望移民對移出國及收容社會雙邊都有益處。移民造就第三類受益者，就是移民自己，他們是唯一毫不含糊的受益人（假如他們沒能得到好處，就不會移民了）。他們斬獲驅使勞工移動的生產力差距，移民提升全球效率，指的是原則上，移民的財物轉移既給收容國也給留在移出國的人，如此讓大家都更好過。但沒有這種財物轉移，移民可是造成兩敗俱傷。對移民本人來說很明智，但不必然加總起來，對社會集體有益。舉個例子，儘管明顯錯用珍貴技能，但假如一位蘇丹醫生搬去英國開計程車為業，全球GDP還是上升了。

一旦將移民設在大都會租的背景當中（見第七章所述），那它可能會招致

2 我曾抓住機會，想對此有所貢獻。

公民付出成本，就變得明顯了。大都會產出的「租的大雜燴」（rents of agglomeration），部分被地主取得，但主要是被高技能而住居需求低的人俘獲。如果國家向移民開放邊境，那麼潛在工人數目就會擴張。對這種典型的國家而言，全球勞動力要比國內勞動人口多上大約一百倍，因此完全開放邊境的效果會十分劇烈。很多外國人比起本國人，技能更高而住屋需求更低。因為他們有角逐那些高生產力職位的動機心，於是會叫國人不得安寧。

這種進程對全球有效率，大都會經濟會成長，租的大雜燴也一樣。只是現在拿到租的人是誰？隨著勞動人口技能更強，又沒那麼需要住居，租會由地主轉移到技術工，而讓租愈難用課稅來取得。技術工當中，目前已在大都會保有高技術工作的人會受益；他們與技能更高強的人共事，會變得更有生產力。但是那些被排擠掉、失去大都會技術工職缺的該國公民，會失去若沒有移民本來可以拿到的租；他們只能到各省城市工作，生產力沒那麼高。這樣會把租由公民轉給移民。假如公民表達政治態度而反射他們的自利，那麼我們可以料想這兩種效應會明白表現，一種是大都會高技能公民情感上力挺移民，而各省公民會有反移民情緒。

頗類似的事情已在英國發生。今天倫敦人口數等同一九五〇年，但成員改變可觀。截至二〇一七年，百分之三十七人口是第一代移民，而在一九五〇年移民數微不足道。沒有移民，倫敦人口也不會縮水三成七，世上沒有一個大都會如此。更可能的是：移民引進的人口，比起很多英國公民，住居需求低而技能高，因此勝過公民而取得倫敦的工作職位。英國脫歐公投揭露這種認同上的分歧，見第三章討論「理智合群的女人」的段落。但倫敦與國家其他地方的差異，可以反映移民分歧的經濟效應，作用在市內兩個新階級上頭。沒錯，分析脫歐公投，可以測出兩個有點反直覺的預測。[3]理論預測說，沒被擠出倫敦的那些高學歷階級成員，會因為高技能移民注入倫敦市，而變得更有生產力，因此相形各省的高學歷人士，較不可能投給「脫歐」。我們發現這一點正確：他們較不傾向脫歐達二成五。相形之下，出身較低學歷階級的倫敦人，面臨低技術移民的競爭，但還沒搬離城市，真的因移民湧入而有所損失，因此比起同階級而住別地方的人，較不可能投給「留歐」。這一點又告正確：較不可能的程

3　以下的統計數據，是牛津大學選舉統計學家費雪（Stephen Fisher），根據最可靠的脫歐調查數據而做。筆者及出版方已到截稿期限，才了解測試這些假說的廣度，來不及把研究寫進本書，但我們打算把研究成果交由專業審視並出版。在這過渡期間，研究成果必須視為暫定。

度達三成。所以，可能在倫敦城內，理智經濟人還安然健在。階級成分的差異，還有移民造成不同的經濟影響，就解釋英國公投脫歐結果方面，比起流行的大都會說法，指責各省有仇外情結，要強得多。

移民造成公民還有一個很不一樣的成本，那便是往往會削弱社會之內已建立的互惠責任。回想起一九四五至一九七〇年代最睿智之舉，便是駕馭共同認同而造就許多新的互惠責任。那些人生證實很幸運的人承擔起責任，協助那些沒那麼好命的人。還有一種敘事，讓遵守的人有使命感，更強化責任的敘事。誰敢保證或許就在下一世代，好命人的子女不會淪落到沒那麼好命，因此扛起互惠責任對大家的開明利己都有好處。移民並沒聽到這些共有認同、互惠責任及開明利己的敘事，所以公民難免懷疑他們是否接受這些，結果便是好命的公民較不願繳稅而造福移民及公民同胞。這種效應對技能不高而焦慮的各省居民，聽來特別糟糕；就在他們必須喚醒互惠責任時，他們的同胞卻因移民，棄他們而去。真不幸，目前那種效應的證據，叫人不得不信。

新的全歐洲調查，記錄下收入高出平均那一部分的人，對旨在幫忙艱苦人的重分配課稅有什麼態度，已找到證據。真不幸，全歐洲收入超出平均的那些人，相形低於平均的人，對重分配的熱情往往降低。只是，這些反應再與移民占人口的比例搭配，一種明顯形態出現了：移民比例愈高，收入高出平均的人支持重分配稅制的意願就愈低。高出平均收入的人顯然還保有一些對貧苦同胞的責任感，但隨著認同隔閡擴大到非同胞，責任感就消蝕了。意見調查是社會科學的老科技，較新的方法是模擬醫學實驗，把人們隨機分成兩組，把一組交付「治療」，而另一組沒有。有項新研究，使用這種全然不同的手法，調查相同問題：兩位西班牙研究員詢問相同問題，但是「事先」叫一群人討論移民，讓問題突顯出來，然而另組人討論的，則是不痛不癢的話題。他們發現的傾向跟前述研究相同：那群被提醒到移民的，繳重分配稅的意願明顯低了很多。

故此，雖說有些移民可能造福接納他們的社會、自己的原生國以及移民自己，但是沒有理由認為：那麼大量的移民，受市場吸引而決定利己，對社會很棒。一如往常，意識形態有所誤導。左派是除了移民以外，一切市場驅動的進程都出自本能而懷疑，而右派本來無條件力挺市場，但移民則排除在外。實用主義及務實析理比較講究細節，質問移民造福社會的有多少？還有哪些移民能造福社會？

結論：經濟學專業上的「我有責任」

經濟學家比如我自己都太精，以至於沒替全球化辯護，對抗批評它的人。全球化淨效應為正面，但全球化並非統一現象，必須通盤採納或整個揚棄。全球化其實是雜亂無章的經濟、社會變化，每一項都有可能區分開來。公共政策的任務，在鼓勵全球化裡那些明確有益的成分；全球化有些成分顯然有益，但造成好些認得出來的群體罹受可觀損失，公共政策要安排補償；另外，一些成分導致再分配卻無法輕易補償，則要限制。

四

恢復包容的政治

第十章

打破極端

目前資本主義造成社會分裂，人們在其中過著焦慮的生活。然而，資本主義經證實是唯一產出大量繁榮的經濟體制。近來發生的事不屬於資本主義的本質，而是破壞力很大的功能失常，必須矯正。這件事並不簡單，但是在符合我們當前背景的審慎實用主義、證據及研究指引下，可以形塑出政策，而逐漸發揮威力。大蕭條之後的時代，實用政策讓資本主義走回正軌，現在可以再次辦到。然而，我們的政體並沒產出如此的政策。政體變得跟經濟體一樣功能失常。為什麼政治體制不再能務實地思考問題的解方？

資本主義上一次運作良好，是由一九四五至一九七〇年。那段期間，指引政策的是社群主義型的社會民主制度，而且跨越主流政黨都如此盛行。但是社會民主制度的道德基礎已經腐蝕。它的起源是十九世紀的合作社運動，創設出來解決當代的急迫焦慮。合作社運動提倡團結的敘事，更成為強化互惠責任網的基石，而解決那些焦慮。但是，社民政黨的領導權，由合作社運動開始演變下來，落入功利派的技術官僚及勞爾派的律師手中。他們的道德與大多數人沒有共鳴，選民漸漸不再支持他們。

政黨為何不重返實用主義？這一點最大的可能，得歸咎給選民。實用主義要人們留心於背景證據，動用務實析理去判定提出來的解方是否真的管用。這要花點心血力氣。選民見多識廣是最大的公共財，它跟其他一切公共財一樣，孤立的個人沒什麼誘因來增益它。大多數公共財可以由國家提供，但這一種只能由人民自己供應。

社會民主制度內塌留下來的真空，遭到一些政治運動填滿，它們提供不花心血的捷徑。實用主義有兩大敵人：意識形態跟民粹，兩者都趁機出頭。左、右兩派意識形態都宣稱：背景、審慎及務實析理，這些做法都可以忽視，代之以一切都能滿足、口吐真理的理論，它不分場合、時間都包治百病。民粹提供另一種拐捷徑：有魅力的領袖說著淺顯的救方，一下子就能聽懂。兩者經常融合起來，變得力道更強：一度失去信用的意識形態，補強以慷慨激昂的領袖，兜售誘人的新療法。他們大駕光臨了：來自激進左派的有桑德斯、柯賓（Jeremy Corbyn）、梅蘭雄；出身本土派的有勒朋及霍費爾（Norbert Hofer）；高擎分離主義的是法拉奇（Nigel Farage）、薩蒙德（Alex Salmond）、佩吉德蒙（Charles Puigdemont）；出身娛樂名流界的有格里羅（Bepper Grillo）與川普。

當前政治戰場的特徵，似乎是驚怒交加的功利派、勞爾派先驅，遭到民粹意識形態信徒的攻擊。這種政治「可選菜色」真是地獄端出來的，想逃脫這種局面，必須把不同的道德論述灌注到我們政治裡，由根本發生變化。但是還有一些變化，添加到我們政治體制的技術部分之中，導致當前的極化現象，我們在這一章當中予以討論。

政治如何極端化

我們的政治體制走民主道路，但建築時的細節讓它們傾向兩極化。我們的投票系統有利於最大的兩個政黨，因此，選民面對的菜單內容，取決於兩黨端出的菜色。最危險的一個重大步驟是：很多國家的主要政黨打著提升民主的旗號，賦予黨員選舉黨魁的權力。這種做法，取代掉黨魁由最有經驗黨員拔擢（經常是由黨內民選民意代表選擇）的體制。

已成為某種政治意識形態信徒的人，最可能加入政黨。故此，這種變化傾向於選出意識形態信徒擔任黨魁。三種主要意識形態當中，社會民主制度證實最虛最弱，理由我已在第一章說過。它結合功利派及勞爾派的哲學，立足在我們的共同價值上，並沒那麼穩固。這一點放任兩極化的意識形態，也就是馬克思主義及本土至上（Nativism），主宰了政治領域。馬克思主義似乎因為蘇聯的崩潰及中國轉向資本主義，而信用掃地，但是新世代長成大人，對他們來說，那些僅是歷史事件，充其量只在歷史課本中匆匆一瞥。本土至上派因為納粹大屠殺猶太人，名聲徹底敗壞，而且事件的記憶還保留未死。但是，只要中間偏右的主流政黨，採納功利派及勞爾派的雜種倫理來當它的移民政策，當地的本土派政黨就會突圍而出。

意識形態政客的崛起，讓很多信仰實用的選民遭逢的，是已由極端派挑選好的菜單。接下來，隨著很多人發現菜單不吸引人而疏離政治，想當選黨魁的戰略已經改變，由採納能吸引中間游離選民的政策，變成確保受意識形態影響的選民全出來投票。為了提升「包容」，投票的最低年齡及政黨資格可以降低，但青少年欠缺責任感及經驗，最容易倒向意識形態極端。沒意識形態的選民覺得自己的選舉權被剝奪了，很容易就被民粹人士俘獲。

最近幾次大選已證明這種過程正在發威之中。美國二〇一六大選過程讓左右兩派民粹意識之徒，使用簡化的批判言詞，說自己要怎樣解決資本主義失靈之處，而支配選戰。桑德斯沒把差距追到很近，但過程中嚴重斲傷民主黨基本盤投票給最典型勞爾派律師希拉蕊（Hillary Clinton）的凝聚力，而希拉蕊則有系統地追逐「受害人」選票那一塊。川普站在右派，使用名流高超的媒體技巧，叫所有較靠近中道的候選人沒得安身。總統選舉時，川普維持自己簡化派批判的言詞，而希拉蕊未能明白而講出了較為複雜的東西，而且看來幾乎是美國當前體制的辯護人。

二〇一七年法國的選舉，把主要兩黨有潛力領袖的五臟六腑掏個精光。即將下台的總統奧朗德是左派，他是最典型的社會民主人士，承認自己支持率低到不想競選；而他的總理瓦爾（Manuel Valls）是另位社民人士，在初選中遭黨內左派意識形態信徒哈蒙（Benoit Hamon）殲滅。右派方面，前總統薩科奇（Nikolas Sarkozy）遭到鏟除，中間派的居貝（Allan Juppe）下場也一樣，獲支持的是共和黨右派意識形態信徒費雍（Francois Fillon），但此人的選戰因個人因素，接下來內埸。法國總統選舉第一輪要把參選人減少到剩兩名，如此讓二〇一七年選舉變成五名新領袖差距不大的角逐——四個意識形態信徒及一個實用派。兩大主流政黨的候選人都沒能進入第二輪。最後決勝由實用派的馬克洪（emmanuel Macron）及本土民粹派勒朋對決。然而，假設第一輪當中，光是百分之三的選民發生變化，那麼第二輪就是由兩個意識形態民粹人士——右派的勒朋與左派的梅蘭雄來一較高下。法國由自己的投票系統倖存下來，但很驚險。相形希拉蕊，馬克洪能明白講出清晰、非意識形態但還是複雜的言詞，批判現今體制，不是鎖定給「受害人」團體聽，而是一般法國公民，同時還揭露民粹所提救方有多空洞。他的方案是實用主義的絕佳例子，在其中，良好的溝通技巧讓複雜的主張能勝過民粹的草頭藥方。

二〇一〇及二〇一七年英國兩次大選期間，工黨改變黨魁選舉辦法。二〇一〇年，該黨最典型的功利派社民領袖是布朗（Gordon Brown），工黨國會議員們無異議選擇他出任黨魁。到了二〇一七年，該黨的領導人是馬派民粹人士柯賓，他由工黨國會議員取得的支持為最小量，但他由熱情的理想青年們選為黨魁，而那些青年很輕鬆就能取得工黨黨權，[1]這一招幾乎完全改變工黨的成分。右派方面，二〇一〇年還走中道的卡麥隆（David Cameron），在二〇一六年被梅伊（Teresa May）這個未知數所取代，那是保守黨國會議員鋌而走險的一招，用意在避免得遵循該黨的新黨章，讓黨魁交由黨員普選。那樣子似乎會選出一個初生之犢的意識形態信徒，二〇〇一年黨章初用時，就發生過那樣的

---

1 形式馬克思理論長久以來都承認，先驅人物要吸引到一批追隨者，而這類追隨者被冠上「有用的白癡」（useful idiot）這個名稱。柯賓先生睿智地創新，把這個詞修正為「年輕的白痴」（youthful idiot）。

事。目前英國兩大政黨的黨高層遴選體制，假如真使用了，幾乎可以保證政治選擇的菜色，將清一色由兩極化的意識形態信徒組成——先生，要吃素還是吃小牛肉？二〇一七年選舉，柯賓祭出左派意識形態的民粹，相形下梅伊講不出首尾相連的戰略，讓選民沒得選擇，導致國會沒有半個政黨席次過半。

即使在德國，梅克爾總理短暫而叫人搞不懂地混用勞爾派的法條至上跟民粹，開放德國邊界幾個月，就足以叫八分之一的選民二〇一七年轉投新的本土至上政黨。她的中間偏右基督民主黨得票占比，跌到一九四九年創黨以來的最低點。然而中間偏右的崩盤，中間偏左並沒受益。社會民主黨的得票占比崩得更厲害，也是一九四九年以後的最低點。政治中道在萎縮，疆土留給民粹意識形態之輩。

恢復中道：某些政治技術部分

我們需要一種程序，藉此把主流政黨拉回中道來。以下提供兩種可行的規則改變，供遴選黨魁之用，每一種相形現有體制都遠為民主。

最直接的便是限制黨魁只能由該黨當選的民意代表中遴選。民選的民意代表有兩種特色，讓他們比起黨員更適合選任黨魁。首先，他們致力於吸引廣大的選民群，這促使他們要當中道的候選人。第二，身為圈內人，他們較不可能被這一行的名流伎倆所欺騙；他們才是見多識廣的選民。舉個例子，二〇〇一年英國保守黨黨魁本可以由克拉克（Ken Clarke）出任，他走中道，又有豐富的部長級經歷；二〇一五年工黨黨魁本可以是中道人士；而且，假如由民選共和黨民意代表選任黨的總統候選人，川普根本無法入主白宮。

民選民意代表比起黨員，更有民主正當性；加總起來，他們代表該黨支持者的數目，遠多於正式登記的黨員。但是，假如當選黨魁的準則，依然要走最大數目活躍選舉人那種制度，那麼替代而較遜的選項，至少對主要政黨來說，是開放給全體選民來選黨魁；話雖如此，按歷史記載這麼做並不樂觀。因為一般選民對候選人知悉不多，所以會偏向選有領袖魅力的民粹人士。

黨魁選舉改革做不到，那麼最安全的替代投票體制，應該是看得票多寡的比例代表制。缺點不少沒錯，但政黨結盟可以節制各黨，不讓它們實行自己的意識形態，而鼓勵證據為本的實用主義。挪威、荷蘭、瑞士長久以來，都接受比例代表制產生的聯合政府治理，它們都避開現代資本主義最惡劣的踰矩。二〇一〇至二〇一五年間，英國由聯合政府治理，美國二〇一一至二〇一七年政黨互掣，目前回想起來，比起之前、之後的政府，其實都還好一點。

恢復中道：見多識廣的社會

改進我們的政治體制，或許有助於讓體制更能接受道德站得住腳、設計講實用的策略，但政治無法優於它所反映的社會。一種政治，即道德又講實用，唯有社會需要它的公民達到關鍵多數，才能出現。本書主要是寫給公民而非政治人物看的原因，正是如此。關鍵多數指的不是全體，指的是人數夠多，讓政治人物有行動的勇氣。幸運的是：社群媒體除了散播壞點子，也可以用來散播好的。為了幫大家記牢，我在下文彙整曾經提過、可以直接解決新分歧的政策，還有更基本的策略，讓人類組織恢復倫理道德。

務實的新政策

這本書部頭不大，涉獵又廣，所以對於新政策無法談得很詳細。本書一切提議都立足於學術研究，但還要進一步多做努力，提議才能就緒落實。然而阻礙很可能來自政治面，而非技術面。

扭轉大都會與破敗城市間的新分歧很花錢，但錢可以靠著向產生於大都會的群聚租大為增加而課稅課到。第七章詳細闡明何以大都會的生產力交好運，很多方面是一種租，而非由拿租人真誠掙到的。但這種狀況也突顯要課徵這些租的稅十分困難，其中很多不由地主拿去，而是被高所得技術工拿去，跟大家直到今天都還認為的並不一樣。相同的理論基礎，主張都會土地稅該比別地徵得高一些，恰恰好也適用於都市技術工。我預期自己利益受威脅的人會義憤填膺，會有阻力。接下來，稅金該怎麼用，最能振興破敗城市呢？關鍵在協調而推動方案，吸引到新興產業，找到符合該城市傳統的最好。協調仰賴人脈，可能落腳於該市的企業必須知道其他企業在幹麼，才能建立共識。城市可能得向一整群交互關聯的企業示好。技職訓練除非跟這些企業的特殊需求綁在一塊兒，不然沒有用；最好是跟企業聯合管理。

要扭轉高技能高學歷者與技能含金量較低學歷較低兩個新階級的紛歧，還需要一些處理兩造的政策。卡在低生產力工作，經常是弱勢者自襁褓起便開始的歸宿。我提出社會母權主義這種策略：提供廣泛有實質的協助與經驗傳授，給有破碎之虞的年輕家庭，接下來讓孩子在求學時代有專家指導。傳授經驗屬社會母權主義，而監督則是社會父權。但扭轉這種分歧，關係到的不僅讓學歷較低者能翻身。高技能人士有些行為必須被節制，原因在帶有掠食性質：他們能贏得一場「聯賽」，取得龐大私人利益，而且是以輸家的損失為代價。我們最有才華的人，把他們的能力用在如此的零和遊戲的，人數太多了，而一些諸如創新的活動，對整個社會造福巨大，很欠缺才智之士。有些行業給員工的福利很少，很混蛋，但最偏向零和遊戲的產業更可惡，應該課更重的稅。

想縮減世上富裕及卡在貧窮兩種社會間的全球差距，要做的事不光胸懷廣大而已。住在貧窮落後社會的人，個人會有的反應是：有錢就弄去外國，學歷若高就移民。這些反應有其道理，但加總起來經常傷害到自己的社會。非洲每年出逃的資本達二千億美元；海地年輕受過教育的工人跑掉八成五。把這些行為用「人權」框飾起來，就小看他們違反的責任了。大多數人都不是聖人，雖說承認自己有責任，但碰到強大的誘惑，他們就投降了。碰到這種時候，道德責任在那些搞誘惑的人。幾十年來，逃出非洲的資本，都是由倫敦的律師及瑞士的銀行搞妥的。與此類似的是：人力資本流出非洲，都是有些公共政策創造出機會，可想而知的結果。以下提出一個極端例子：挪威累積的主權財富基金，相當於每個國民二十萬美元。假如有一家五口離開自己窮苦祖國，定居到挪威，那戶人家取得資格，按比例計算便是能分潤值一百萬美元的資產，遠超過一家五口能賺的任何收入。他們故國的政府沒有任何手段來抵銷如此的誘因，叫國民別離開。然而有兩群人更有權拿那一百萬：存下那筆錢的挪威人，還有數千貧苦的挪威人，錢可以在他們之間分享。貧窮社會必須趕上富裕社會，為辦到這一點，它們要求富裕社會提供，是我們有而它們沒有的東西：讓人們有生產力的企業。我們可以多多鼓勵我們的企業，到那些最貧窮國家，施展這種乍看很世俗的魔法。

道德煥然一新的組織

這本書始於道德也止於道德。我已試著勾勒出道德政治的基礎，可以取代功利派道德怪異而斷然的教條；我的倫理學立足於人類本質得更穩，也導致更好的結果。

功利派對能自主個人的看法，是人人由自己的消費，來產出功利，而且在全部功利的偉大道德算數裡公平計算。相形之下，真實社會的獨立個體其實是人倫。「經濟人」自私到神經病，只受柏拉圖派的社會父權國監所限制；相形之下，正常人類體會到人倫帶來責任，而履行責任對我們人生使命感是重中之重。柏拉圖的國監與經濟人結合起來真是有毒，支配了公共政策，勢不可擋地剝奪人們的道德責任，把義務轉給父權國家。像是怪異地模仿中世紀宗教，尋常人被描寫成罪人，必須由非常人來統治——講道德的賢良菁英。隨著功利派先驅崛起，聖人們昂然而至。責任既已上升給國家，消費的權利及資格是由上而下撒給我們的：此時我們全是小孩。

但是在過程中，國家扛起來的責任，超越它的能力，一些責任只有靠企業及家庭才能做好。父母對子女的責任感源自於愛，品質超越父權國家提供的一切替代品；企業對員工的責任感衍生自長期的互惠，品質勝過父權國家提供的所有訓練。國家有其角色，但角色在制定統攝性質的政策，讓這些責任回歸原位。文化已發生轉移，削弱家庭內的責任感。講倫理的家庭已遭講究權利的人取代，他們一心一意追逐欲望。但是，國家縱容這種轉移，修法改稅變福利，由獎勵家庭變成鼓勵個人。國家也可以改變敘事、法律、稅制及福利，來恢復倫理家庭。過去也發生文化轉移，削弱企業對員工及社會的責任感；商學院教導一整世代的經理人，說公司就等同經濟人；企業的唯一目標就是替股東賺錢。只是，再強調一次，這種文化轉移，還因投資基金經理人崛起，追逐每季獲利，物質誘因改變而雪上加霜。國家可以用敘事、法律、課稅及補貼，來恢復講道德的企業。

功利派父權主義本質的傲慢，施用到全球等級時登峰造極。本該無條件履行的救援義務，居然變成道德帝國主義的工具。有些國際聯誼組織，原本就特定政策範圍，逐漸建設出互惠責任，但過度膨脹成「包山包海」的組織，涵蓋範疇大為擴張，結果互惠漸漸解體。人類史上從沒出現過講道德的世界，但是在一九四五至一九七〇年那段時期，人類往那個目標邁進的程度，要大於史上任何時期，只是進步也告瓦解之中。要恢復往前的動力，我們必須回歸審慎實用主義講究實際的手法，提供有效的救助給那些亟需拯救的國家，辦得到也負擔得起。要解決迫在眉睫的全球焦慮，最好的辦法不是功利派的說教，而是透過富裕社會之間成立組織，建立新的互惠責任，因應救援的義務。

因共有歸屬感而形成的互惠責任網，催生出更受信任因此更強大的國家。該履行的責任堆積如山，如果廣泛散布於全社會，不僅做得更好，人們也更投入、更充實。結果便是，最後我們的社會，比起功利派父權人士所造就的，更為快樂。即便動用功利父權人士的標準，他們自己也像掛在肉籤上烤。「功利最大化」堪稱約翰．凱描述為歪斜的範例：你直接瞄準它，反而達不到。心甘情願互惠則更勝一籌。

歸屬的政治學

政治主要是國家的事。政治要發揮潛力，建設一張綿密的互惠責任網，一國人民必須接受某種共有認同感。認同要能團結而非分裂，那麼身為英國人、美國人或德國人，就不能意味隸屬某特定族裔。儘管有人一廂情願，國籍也不能意味著緊貼於某些特定的共同價值。川普及桑德斯有什麼共同價值，而讓他們跟法拉奇、柯賓區分開來？一項認同，由全體成長於一個文化多元國家的人民所共有，只能界定在土地及使命感上頭。它可以汲取根深柢固、對家園、領土的依戀；可以彰顯共同而有目的的行動，大家均蒙其利。它也是小我到共有的「大我」的基礎。但講道德的政治，可以透過其他影響力，強化共同歸屬感的本能，以及共同使命的合理性。

大家集體努力，往共同目標邁進，不管目標多瑣碎，都可以強化，小如國家足球隊的勝利，顯然也為了如此。也可以藉著把自然發生在共有空間的社會互動交織在一起，也可以強化。彼此全無關聯的團體，對共有認同的感受應該不強，因此一定程度的社會整合是好事，可以限制文化分離，不管文化分離是源自教育、意識形態或宗教。我們有必要彼此認識。但最重要的是：歸屬感的強化，靠的是很幫忙歸屬感的政治敘事。溝通這類敘事，是我們政治領袖的核心任務。但他們拋棄依據土地與使命的敘事，就創造一個傷口，供分裂的歸屬感敘事發展，把國家認同的主張權送給某些人，而排除另些人。

領袖們可以提倡新的敘事，但是人們對政治領袖的信任下跌，已讓權威顛倒過來：大家把更多注意力投射給位居社群網絡樞紐的人，更勝過電視上談話的頭頭們。然而，那些網絡已變成自閉的迴聲室，因此我們更缺乏在其中可以溝通的空間。這一點殺傷力極大，原因在參與共同的網絡，我們都聽到相同的敘事，而組成共有知識。沒有這個，連訴說共有認同的敘事，都很難創造出條件，供人們有信心，認為自己扛起來的責任，別人會回報以互惠。迴聲室非但沒能流通共同隸屬某地的敘事，標準上更會醜化「他人」。二〇一七年在曼徹斯特音樂會上大屠殺兒童的阿貝迪（Salman Abedi），他成長於曼市，但成長於一個伊斯蘭仇恨網絡「卡夫里斯」（kaffris），不跟人往來，所以對周遭的人，哪怕是最基本的同理心都沒有。迴聲室破壞合群組織，但我瞧不出實際的方法，可以恢復共同的聚會所，供大家一抒己見。沒有那種聚會所，每個那種迴聲室新近具備影響力的人——喜劇演員、影星、伊斯蘭經師、愛耍帥的外向人士——已取得現在必須執行的責任。他們是社會去中心化之後的領袖，要跨越這些支離破碎的網絡，建立起對土地的共有認同，地位比其他任何人更合適。他們散播的敘事，應成為公共注意力的焦點。他們該碰到壓力，停止叫賣分裂的意識形態敘事，但那已變成他們的專長。

跟其他共有認同一樣，都感覺隸屬於某塊土地，或都感受到行動有共同目標，實在很珍貴，原因在它能支撐好多責任。政治主要是國家的事，原因是公共政策主要適用於國家。有些政策制定等級在地方，有些在區域，有些則到全球，但是在所有先進經濟體中，國家的重要性還是無與倫比。在美國，雖說很執著各州的權利，但大約六成的公共開支還是透過國家來做，並非州政府；在歐盟，雖說很在意布魯塞爾當局的權力，但九成七的事係透過國家來做，而非歐盟執行委員會。國家及其公民是公共政策最重要的架構，可見的未來當中，依然如此。共有認同的終極政治功能，在讓國家以載具形式運作，讓互惠責任網成長。正是互惠責任網遭腐蝕穿破，才容許種種焦慮因資本主義近來走向而發作，潰爛成我們社會的深深傷口。

正如本於地方及使命感的共同歸屬敘事，可以強化共有的國家認同，公民有互惠責任的敘事可以強化那個道德網。阿貝迪哪怕最初級的互惠責任都沒領略到，這無足為奇。他的鄰居說，阿貝迪的車經常擋住他的車道。接下來，互惠責任可以用有使命的開明利己敘事，再予以強化。公民最後能領略到很多條因果鏈，而看到沒能馬上有利於他們的行為，比如納稅，其實有助於遠期結果，對大家個人利益都有好處。阿貝迪倒是吸收了如此的敘事：他犧牲自己唾手可得的個人利益，換取進天堂的可能。敘事力量很強，我們應該努力造出更好的敘事。

化約成一句話：「共有認同化為高瞻遠矚互惠的基礎。」成功建立如此信仰系統的社會，比起立足在個人主義或任何宗教復興意識形態的社會，運作更為順遂。個人主義的社會將失去公共財的龐大潛力。宗教復興意識形態，每一種都立足在仇恨社會別的某個部位，而且是走向衝突的死路。在一個健康社會中，那些成功的人，成長期都被教養而接納互惠責任網，這些幸運兒引發社會支援那些人生沒那麼幸運的人。成功人士遵守這些責任，是因為他們完成責任之後，會取得自尊、同儕敬重，作為獎勵。動用更多強制力量，對付少數頑劣分子，實在理直氣壯。

這正是道德實用主義，可以導引我們的政治走出兩極化的失敗，走向合作共事，而解決困擾我們社會的分裂問題。我們有很多照料的義務沒做好：難民逃離天災人禍、世上最貧窮社會很多人深陷絕望、好些五十多歲男人其技能喪失價值、青少年未來只能做沒前途的工作、家庭破碎的孩子們、年輕家庭對一生買不起房子感到絕望。這些我們必須因應。但是，我們另必須恢復遠為吃力、一度生發自我們共有認同的互惠責任。

這麼說可能叫右派背脊發涼，原因在未來可能把成果重分配，表面上跟馬克思意識形態設想的很類似。與此類似的是：它也會叫左派背脊發涼，原因在認清家庭與國家內部各有獨特責任，觸犯勞爾派跟功利派的準則。這些操心都搞錯重點了。

我提倡的並非馬克思主義的變種。馬克思意識形態仰仗的，是充滿仇恨的敘事，用極端的階級認同分裂，取代共有認同。它主張一個階級有權利沒收屬於另一個階級的財物，而取代相互責任。跟激進伊斯蘭一樣，馬克思版的開明利己，仰賴一個遙遠的天堂，那個天堂之中，國家「凋亡」。馬克思意識形態的結果，經證明到處都一樣，都是社會衝突、經濟崩潰，國家非但沒有凋亡，還施逞過分又殘暴的力量。目前這齣戲還因委內瑞拉難民出逃而上演中，有心人不妨一瞧。一個社會，務實地按理性互惠來駕馭資本主義，它跟共產意識信徒掌控的社會不同之處，乃是前者泰然自若，後者因仇恨不斷升高而撕裂。

談到勞爾派及功利派做的夢，貶低家庭責任，改而支持所有小孩受到相等待遇，或者貶低國家責任，改而相挺全球「受害人」，都不會造出伊甸園。它會把一個沉淪的社會，在其中人人自稱有權取得東西，遺留給下一代。事後回想，由功利派、勞爾派支配中間偏左的這個時代，未來大家得以其實質來承認它：傲慢、過於自信、害人不淺。中間偏左派做到兩件事，才能復元：一、回歸其社群主義的根；二、執行任務，重建以信任為本的互惠責任網，而解決勞工家庭的焦慮。[2]與此類似的是：中間偏右派遭獨斷式個人主義主政的時期，最後會被視為受到經濟人強大傳統的誘惑。一旦它重拾講道德的方方面面，中右派將回歸「一個國家」的政治。全球新焦慮太嚴重，不能放任給極左派。土

2　二〇一七年十二月，我受邀對丹麥社會民主黨發表演說。該黨傑出的新黨魁佛瑞德里克森（Mette Frederiksen）恰恰好也歸結出這種救方，強力把該黨拉回合作社、社群主義的初衷。該黨得票本來長期流失，局面扭轉過來，目前得票率攀升中；唯有高學歷大都會人是例外，他們火大地改投強硬左派。

地歸屬感是極強大也可能極有建設性的力量，不能放任給極右派。

我們被迫面對新焦慮，態勢應該很明顯，相關的經濟危害，造成地理及階級命運新而惡毒的分歧。我們被迫面對極端派的宗教及意識形態認同，態勢應該很明顯，與社會相關的威脅，正是認同碎片化而對立，支撐它們的乃是社群媒體的迴聲室。在英國脫歐及美國川普崛起之後，態勢應該很明顯，政治相關的危害，乃是排外的國族主義。自由派規避了共有的歸屬感，還有它本可以支持的良性愛國主義，他們已經拋棄那股唯一能團結我們社會的力量，沒把救方擺在前頭。自由派不慎又魯莽地，已經把它奉送給不懂裝懂的極端分子，而現在極端分子與高采烈地扭曲這些東西，以符合他們自己乖戾的目的。

我們能做得更好：我們一度那麼做了，而且可以再做一次。

Big Ideas 25

社會向左，資本向右：新世代的階級與貧富裂痕，尋找修復的終極解方

2020年6月初版　　定價：新臺幣380元

著者	Paul Collier
譯者	潘勛
叢書編輯	陳冠豪
特約編輯	蔡宜真
校對	吳美滿
封面設計	兒日

出版者	聯經出版事業股份有限公司
地址	新北市汐止區大同路一段369號1樓
叢書編輯電話	(02)86925588轉5315
台北聯經書房	台北市新生南路三段94號
電話	(02)23620308
台中分公司	台中市北區崇德路一段198號
暨門市電話	(04)22312023
台中電子信箱	e-mail：linking2@ms42.hinet.net
郵政劃撥	帳戶第0100559-3號
郵撥電話	(02)23620308
印刷者	文聯彩色製版印刷有限公司
總經銷	聯合發行股份有限公司
發行所	新北市新店區寶橋路235巷6弄6號2樓
電話	(02)29178022

副總編輯	陳逸華
總經理	陳芝宇
社長	羅國俊
發行人	林載爵

行政院新聞局出版事業登記證局版臺業字第0130號

本書如有缺頁，破損，倒裝請寄回台北聯經書房更換。　　ISBN 978-957-08-5542-5 (平裝)
聯經網址：www.linkingbooks.com.tw
電子信箱：linking@udngroup.com

THE FUTURE OF CAPITALISM

國家圖書館出版品預行編目資料

社會向左，資本向右：新世代的階級與貧富裂痕，尋找修復的終極解方/ Paul Collier著．潘勛譯．初版．新北市．聯經．2020年6月．336面．14.8×21公分（Big Ideas 25）
譯自：The future of capitalism: facing the new anxietie
ISBN 978-957-08-5542-5（平裝）

1.資本主義 2.經濟預測

550.187 109007148